Le Fantôme de l'Opéra

Gaston Leroux
Adaptation du texte : Nicolas Gerrier

Audio

Durée : 124'45
Format : MP3

Piste 1	*Chapitre 1*
Piste 2	*Chapitre 2*
Piste 3	*Chapitre 3*
Piste 4	*Chapitre 4*
Piste 5	*Chapitre 5*
Piste 6	*Chapitre 6*
Piste 7	*Chapitre 7*
Piste 8	*Chapitre 8*
Piste 9	*Chapitre 9*
Piste 10	*Épilogue*

Rédaction du dossier pédagogique : Nicolas Gerrier

Édition : Atelier des 2 Ormeaux (Christine Delormeau)

Maquette de couverture : Nicolas Piroux

Photos de couverture : masque : passigatti © iStock - bâtiment : ilbusca © iStock

Maquette intérieure : Sophie Fournier-Villiot (Amarante)

Mise en pages : Atelier des 2 Ormeaux (Franck Delormeau)

Illustrations : Jérôme Mondoloni

Enregistrements : Quali'sons

Comédien : Patrick Mancini

ISBN : 978-2-01-628648-7
© HACHETTE LIVRE 2021, 58 rue Jean-Bleuzen, 92178 VANVES CEDEX, France.

Tous les droits de traduction, de reproduction et d'adaptation réservés pour tout pays. La loi du 11 mars 1957 n'autorisant, aux termes des alinéas 2 et 3 de l'article 41, d'une part, que « les copies ou reproductions strictement réservées à l'usage privé du copiste et non destinées à une utilisation collective » et, d'autre part, que « les analyses et les courtes citations » dans un but d'exemple et d'illustration, « toute représentation ou reproduction intégrale ou partielle, faite sans le consentement de l'auteur ou de ses ayants droit ou ayants cause, est illicite » (Alinéa 1 de l'article 40). Cette représentation ou reproduction, par quelque procédé que ce soit, sans autorisation de l'éditeur ou du Centre français de l'exploitation du droit de copie (20, rue des Grands-Augustins, 75006 Paris), constituerait donc une contrefaçon sanctionnée par les articles 425 et suivants du Code pénal.

SOMMAIRE

L'ŒUVRE

Chapitre 1 5
    La soirée de gala

Chapitre 2 13
    Le fantôme est partout

Chapitre 3 21
    Raoul est partout

Chapitre 4 28
    Un malheur à l'Opéra

Chapitre 5 35
    Qui est Érik ?

Chapitre 6 43
    Christine raconte tout

Chapitre 7 51
    La drôle d'histoire des directeurs

Chapitre 8 59
    À la poursuite du fantôme

Chapitre 9 67
    Le scorpion ou la sauterelle ?

Épilogue 71

ACTIVITÉS

Chapitre 1 75
Chapitre 2 77
Chapitre 3 79
Chapitre 4 80
Chapitre 5 82
Chapitre 6 84

Chapitre 7 85
Chapitre 8 87
Chapitre 9 89
Épilogue 91

FICHES
Fiche 1 : Gaston Leroux 92
Fiche 2 : L'Opéra Garnier 93

CORRIGÉS DES ACTIVITÉS 95

CHAPITRE 1

Le fantôme de l'Opéra a existé. Mes recherches dans les documents de l'Académie nationale de musique[1] et mes nombreuses conversations le montrent. Mes visites dans les sous-sols de l'Opéra, ma découverte de son squelette et ma rencontre avec le Persan me permettent de le dire : non, le fantôme n'est pas un mythe[2] !

Je peux avec toi, lecteur, revivre mon enquête sur cette histoire d'amour et de peur.

LA SOIRÉE DE GALA

Ce soir-là, c'est la dernière soirée de gala de Messieurs Debienne et Poligny, les directeurs de l'Opéra de Paris. Une danseuse célèbre, la Sorelli, est en train d'apprendre son discours dans sa loge. De jeunes camarades entrent et ferment la porte à clef. Elles rient et poussent des cris.

– C'est le fantôme, dit la petite Jammes.

– Vous l'avez vu ? demande la Sorelli.

– Bien sûr.

– Il est laid, dit la petite Giry.

– Vous voyez le fantôme partout, dit calmement une troisième danseuse.

C'est bien vrai ! Depuis quelques mois, tout le monde parle d'un fantôme en habit noir qui se promène dans l'Opéra. Cette histoire vient de Joseph Buquet, le chef machiniste[3]. Lui, il a vu le fantôme

---

1 L'Académie de musique : l'Opéra.
2 Un mythe : une histoire avec des personnages imaginaires.
3 Un machiniste : il s'occupe des décors à l'Opéra.

CHAPITRE 1

dans le petit escalier qui descend dans les sous-sols. Il dit du fantôme : « Il est très maigre et son habit est trop grand pour lui. Il a deux grands trous noirs à la place des yeux comme les têtes de mort. Sa peau est jaune et son nez est presque invisible. Il a simplement trois ou quatre mèches brunes de cheveux. » Joseph l'a poursuivi, mais le fantôme a disparu comme par magie. Joseph est un homme sérieux qui ne boit pas. On le croit et, depuis, d'autres personnes ont vu aussi un fantôme avec un habit noir et une tête de mort. Même un chef des pompiers. Mais lui a vu une tête de feu et a eu très peur (pourtant un pompier n'a pas peur du feu). Les danseuses pensent donc que le fantôme a plusieurs têtes, et ceci explique leur inquiétude.

— Écoutez ! dit Jammes.

Elles entendent un bruit derrière la porte.

— Qui est là ? demande la Sorelli.

Personne ne répond.

— Il y a quelqu'un derrière la porte ? demande-t-elle plus fort.

La Sorelli prend un petit couteau et ouvre la porte. Le couloir est désert.

— Mes enfants, dit la Sorelli, il faut vous calmer. Personne n'a jamais vu le fantôme.

— Si, nous l'avons vu tout à l'heure. Et Gabriel aussi.

— Le maître de chant ? Il avait son habit noir ?

— Gabriel ?

— Mais non, le fantôme !

— Bien sûr, dit Jammes. Gabriel était dans le bureau du régisseur[4]. Tout à coup la porte s'ouvre et le Persan entre. Vous savez que le Persan a le « mauvais œil[5] » ?

— Oh oui, disent les danseuses.

— Et Gabriel est superstitieux[6]. Il veut donc toucher le fer de

---
4 Un régisseur : il s'occupe de la préparation d'un spectacle.
5 Avoir le mauvais œil : il porte malchance.
6 Être superstitieux : croire dans des pouvoirs surnaturels.

la serrure de l'armoire. Mais il déchire son pantalon sur un clou et, quand il veut quitter le bureau, il se tape la tête et se coupe le bras sur un meuble. Il essaye alors de s'appuyer sur le piano, mais le couvercle tombe et lui écrase les doigts... Il a eu peur car le fantôme était derrière le Persan, avec sa tête de mort et son habit noir !

La petite Meg Giry intervient :
— D'après ma mère, Joseph Buquet doit se taire.
— Et pourquoi ?
— Le fantôme ne veut pas qu'on l'ennuie.
— Pourquoi ?
— Parce que... rien !

Les filles se serrent les unes contre les autres et lui demandent de s'expliquer :
— C'est à cause de la loge[7] du fantôme.
— Le fantôme a une loge ? Oh ! Mon Dieu ! Raconte...
— C'est la loge numéro 5. C'est M'man l'ouvreuse[8]. Les directeurs doivent la réserver au fantôme.
— Et il y va ?
— Mais non ! Le fantôme y vient et il n'y a personne.

Les danseuses ne comprennent pas.
— Le fantôme n'a pas de tête et pas d'habit ! On l'entend, on ne le voit pas mais il est là ! M'man le sait car elle lui donne le programme. Elle m'a dit hier : « Cela portera malheur à Joseph de raconter tout cela ».

À ce moment-là, on entend des pas dans le couloir.
— Cécile, tu es-là ? demande une voix à travers la porte.
— C'est maman, dit Jammes. Qu'y a-t-il ?

Jammes ouvre la porte. Une dame entre dans la pièce et se laisse tomber dans un fauteuil :

---

7 Une loge : un espace pour quelques spectateurs dans un théâtre.
8 Une ouvreuse : elle montre la place des spectateurs.

— Quel malheur ! Joseph Buquet est mort ! On l'a trouvé pendu[9] dans le troisième sous-sol. Les machinistes[10] ont entendu le chant des morts autour de son corps.
— C'est le fantôme ! dit la petite Giry. Oh non ! Je n'ai rien dit… Mais toutes répètent à voix basse : « C'est sûrement le fantôme. »
— Je ne vais pas pouvoir faire mon discours, dit la Sorelli.

Tout le monde aime Joseph Buquet à l'Opéra. Les petites danseuses se groupent autour de la Sorelli comme des moutons qui ont peur. Puis, quelques instants plus tard, elles partent toutes ensemble vers le foyer[11]. Elles rencontrent le comte de Chagny dans un escalier.

— Ah, Sorelli, quelle belle soirée ! dit-il. Et Christine Daaé : quel triomphe !
— Ce n'est pas possible, dit Meg Giry. Il y a six mois elle chantait très mal.

Mais le comte de Chagny a raison : le gala était extraordinaire. Le Tout-Paris a découvert Christine Daaé. Elle a chanté quelques passages de *Roméo et Juliette* et le rôle de Marguerite dans *Faust* à la place de la grande chanteuse Carlotta, malade. La salle entière a acclamé Christine Daaé et, à la fin de la représentation, elle s'est évanouie d'émotion. Le critique P. de St-V. était sous le charme et a déclaré :

— D'où vient son talent ? Il descend du ciel ou il monte des enfers ? Christine a-t-elle fait un pacte avec le diable ?

Le comte Philippe de Chagny est ce soir à l'Opéra avec son frère Raoul. Leur famille est l'une des plus vieilles de France.

Leur fortune est immense. À quarante et un ans, Philippe est un bel homme sûr de lui. Raoul a un peu plus de vingt et un ans, mais il en fait dix-huit. Il est timide, porte une petite moustache blonde, a les yeux bleus et beaucoup de charme. Il doit bientôt

---

9 Pendu : accroché avec une corde autour du cou.
10 Un machiniste : il change les décors.
11 Le foyer : une salle à l'entrée d'un théâtre.

CHAPITRE 1

partir en expédition dans les glaces du pôle. Mais en ce moment, il est en vacances pour six mois et Philippe lui fait découvrir les plaisirs artistiques de Paris.

Après le concert, Raoul veut voir la Daaé dans sa loge. Christine et lui se sont rencontrés il y a longtemps, pendant leur enfance. Pourtant, quand Christine chante, Raoul ressent toujours une très grande émotion. Mais Raoul ne veut aimer que sa future femme et le vicomte de Chagny ne peut pas épouser une chanteuse.

— Allons-y, dit Raoul.

— Où veux-tu aller ? dit Philippe.

— La voir ! Tu ne vois pas qu'elle se trouve mal ?

— C'est toi qui vas mal. Tu es tout blanc. Que t'arrive-t-il ?

Les deux hommes passent par l'entrée des abonnés[12], vont sur la scène et prennent le couloir vers les loges. Philippe est étonné : son frère connaît le chemin vers la loge de Christine ! Raoul est impatient et bouscule les nombreux admirateurs. Il n'est plus timide du tout ce soir.

Raoul arrive en même temps que le médecin dans la loge. La chanteuse est encore évanouie.

— Docteur, dit Raoul, on ne respire pas ici. Ces messieurs doivent quitter la loge.

— Vous avez raison.

Le docteur met tout le monde dehors, à part Raoul et la femme de chambre. Christine ouvre les yeux. Elle sourit au docteur, regarde la femme de chambre puis voit Raoul.

— Qui êtes-vous, Monsieur ?

Raoul met un genou à terre et lui donne un baiser sur la main :

— Madame, je suis le petit enfant qui est allé chercher votre écharpe dans la mer.

Christine, le docteur et la femme de chambre se mettent à rire. Raoul se relève, le visage rouge.

---

12 Un abonné : une personne qui va régulièrement au théâtre.

— Mademoiselle, je veux vous dire quelque chose de très important.
— Plus tard quand j'irai mieux. Vous êtes très gentil.
— Vous devez partir maintenant, ajoute le docteur. Laissez-moi soigner mademoiselle.
— Je ne suis pas malade, dit Christine avec une énergie inattendue. J'ai besoin de rester seule. Allez-vous-en tous !
Dans le couloir, le docteur dit à Raoul :
— Je ne la reconnais pas, elle est très douce normalement.
Raoul reste seul dans le couloir. Il se cache dans un petit coin et attend. La porte de la loge s'ouvre et la femme de chambre sort. Il lui demande des nouvelles de Christine. Elle va très bien, mais elle veut rester seule. Quelques instants plus tard, Raoul s'approche de la porte. Il va frapper, mais entend une voix d'homme dans la loge :
— Christine, il faut m'aimer.

— Comment pouvez-vous me dire cela ? répond Christine des larmes dans la voix. Je chante pour vous.

Raoul s'appuie sur le mur. Son cœur lui fait mal. La voix demande ensuite à Christine si elle est fatiguée.

— Ce soir, je vous ai donné mon âme[13] et je suis morte.

— Ton âme est belle, mon enfant. Je te remercie. Les anges ont pleuré ce soir.

Raoul ne peut plus entendre. Il se cache de nouveau dans le couloir. Il veut voir qui est cet homme ! Quand la porte s'ouvre, Christine sort seule et passe devant Raoul sans le voir. Raoul attend quelques instants puis entre dans la loge. La pièce est sombre.

— Il y a quelqu'un ici ? Pourquoi vous ne répondez pas ? Vous êtes un lâche[14].

Raoul allume une allumette : il n'y a personne dans la loge. Il ferme alors la porte à clef et allume les lampes. Il va dans le cabinet de toilette, ouvre les armoires, cherche le long des murs. Personne !

— Est-ce que je deviens fou ?

Il reste ainsi dix minutes à écouter le silence puis sort. Il ne sait plus ce qu'il fait et où il va. Il sent tout à coup de l'air glacé sur son visage. Il est en bas d'un petit escalier. Des ouvriers sont derrière lui et portent un brancard[15] avec un linge blanc.

— La sortie, s'il vous plaît, leur demande Raoul.

— En face de vous. Mais laissez-nous passer d'abord.

— Qu'est-ce que c'est que ça ?

— Ça, c'est Joseph Buquet. On l'a retrouvé pendu au troisième sous-sol, tout près du décor du *Roi de Lahore*.

Raoul laisse passer les ouvriers, les salue, puis sort.

---

13 Une âme : l'esprit d'une personne.
14 Lâche : il manque de courage.
15 Un brancard : un lit pour transporter un blessé.

CHAPITRE 2

LE FANTÔME EST PARTOUT !

Pendant ce temps, on fête le départ de Messieurs Debienne et Poligny dans le foyer de la danse. Une foule se presse autour du buffet et les deux directeurs sont joyeux. Ils sourient à la Sorelli qui commence son discours. Soudain, la petite Jammes crie :
– Le fantôme de l'Opéra !

Elle montre de son doigt un visage blanc, lugubre[1] et laid avec des trous à la place des yeux. Cette tête de mort a un grand succès : on rit et on veut lui offrir à boire. Mais elle n'est déjà plus là !

La Sorelli est furieuse car elle ne peut pas finir son discours. Les deux directeurs l'embrassent et s'en vont déjà. Ils ont un dîner avec leurs amis. Ils y retrouvent Messieurs Armand Moncharmin et Firmin Richard, les nouveaux directeurs. Les quatre hommes ne se connaissent pas bien, mais ils se font de nombreux compliments. Le dîner est presque gai et il y a plusieurs discours. Soudain, les invités remarquent l'étrange personnage que la petite Jammes a appelé « le fantôme de l'Opéra ». Il ne boit pas, ne mange pas et ne dit rien. Ses voisins ne savent pas depuis quand il est avec eux. On lui sourit et, juste après, on regarde ailleurs. Les amis de Debienne et Poligny pensent qu'il est une connaissance de Moncharmin et Richard. Les amis de Moncharmin et Richard pensent qu'il est une connaissance de Debienne et Poligny. Ceux qui connaissent le témoignage de Joseph Buquet pensent que c'est le fantôme. Pourtant, Buquet a dit qu'il n'avait pas de nez et cet

---

1 Lugubre : très triste et qui représente la mort.

homme en a un. Mais est-ce un vrai nez ?

Soudain, l'homme se met à parler :

— La mort de ce pauvre Buquet n'est peut-être pas naturelle.

Debienne et Poligny sursautent, car ils n'étaient pas au courant. Leurs visages deviennent blancs. Ils entraînent tout de suite les nouveaux directeurs dans leur bureau.

— Connaissez-vous cet homme ? leur demande Debienne.

— Non.

— Alors, il faut changer les serrures de toutes les portes.

— Il y a des voleurs à l'Opéra ? s'amusent Moncharmin et Richard.

— Il y a quelque chose de pire : le fantôme ! La mort de Buquet est un avertissement. Vous devez donner au fantôme tout ce qu'il demande.

Les nouveaux directeurs rient de bon cœur :

— Que veut ce fantôme ? demande Richard.

M. Poligny va à son bureau et revient avec le cahier des charges[2] de la direction de l'Opéra. Il commence par : « Les représentations doivent montrer l'importance de la première scène lyrique[3] française… ». Et il se termine par l'article 98 : « Le contrat s'arrête si le directeur ne respecte pas les conditions suivantes… ». Ces conditions suivent à l'encre noire, mais deux lignes sont en rouge : « Le directeur doit payer 20 000 francs par mois au fantôme de l'Opéra » et « Le fantôme de l'Opéra dispose de la loge n° 5 à toutes les représentations ».

— Je comprends pourquoi vous partez, dit Richard, les affaires sont difficiles avec ce fantôme… Mais vous êtes trop gentils, pourquoi ne pas le faire arrêter ?

— Comment ? Où ? Nous ne le voyons jamais !

— Et quand il vient dans sa loge ?

— Il ne vient jamais.

— Alors, louez-la !

— Louer la loge du fantôme de l'Opéra ? Essayez, Messieurs !

Les quatre directeurs se séparent et les deux nouveaux sont bien contents de rire autant.

Ils passent ensuite des premiers jours merveilleux à l'Opéra. Ils se sentent les maîtres des lieux et oublient l'histoire du fantôme.

Un jour, Firmin Richard arrive à onze heures à son bureau. M. Rémy, son secrétaire, lui montre son courrier. Richard reconnaît l'encre rouge et l'écriture de l'une d'elles :

Mon cher directeur, je vous demande pardon de vous déranger. Vous êtes en train de travailler pour l'Opéra. Je connais vos projets pour la Carlotta, la Sorelli et la petite Jammes. Mais je vous signale que la Carlotta chante comme une seringue[4], la Sorelli ne vaut pas mieux et la petite Jammes danse

---

2 Un cahier des charges : la liste des choses à respecter dans un contrat.
3 Lyrique : une œuvre de musique classique et de danse.
4 Chanter comme une seringue : très mal chanter.

comme un veau⁵. *Par contre, le génie de Christine Daaé est certain. Je veux l'entendre ce soir dans le rôle de Siebel. Je veux aussi garder la loge n° 5 pour moi. Ne m'enlevez pas ma loge, si vous voulez vivre en paix.*

Signé... F. de l'Opéra.

À ce moment-là, Armand Moncharmin entre dans le bureau. Il a reçu la même lettre. Les deux directeurs éclatent de rire. Moncharmin remarque que la lettre est partie du bureau de poste du boulevard des Capucines, c'est-à-dire près de chez M. Debienne :

— La plaisanterie continue, dit Richard, mais elle n'est pas drôle ! Poligny et Debienne veulent une loge pour ce soir ? Eh bien, Monsieur Rémy, gardez la loge n° 5 pour ces messieurs.

Les deux directeurs reçoivent toute la journée les artistes pour parler de leur avenir. C'est une journée de discussions difficiles et le soir de ce 25 janvier, ils se couchent de bonne heure. Le lendemain matin, ils reçoivent deux lettres. La première est signée F. de l'O. :

Mon cher Directeur,

Merci. Charmante soirée. Daaé extraordinaire. Attention aux chœurs. La Carlotta, magnifique, mais instrument ordinaire. Je vous écrirai pour les 240 000 francs bientôt.

La deuxième lettre est signée de MM. Debienne et Poligny :

Messieurs,

Merci pour votre invitation. Mais nous ne pouvons pas occuper la loge n° 5. Vous savez à qui elle appartient.

— Ils m'énervent, dit avec violence Firmin Richard.

Le soir, les directeurs louent la loge n° 5. Le lendemain matin, l'inspecteur⁶ leur fait part d'un incident durant le spectacle.

— Que s'est-il passé ? demande Richard à l'inspecteur.

— Les occupants de la loge numéro 5 n'écoutaient pas la

---

5 Danser comme un veau : mal danser.
6 Un inspecteur : il surveille la représentation.

musique pendant le spectacle. D'après eux, une voix dans la loge leur disait : « Il y a quelqu'un ». L'ouvreuse a regardé, mais il n'y avait personne.

Moncharmin regarde Richard et sourit. Mais Richard ne sourit plus. L'inspecteur, lui, sourit pour faire plaisir à Richard. Mais cela ne plaît pas à Richard.

– Il n'y avait personne dans la loge quand ces gens-là sont arrivés ?
– Personne !
– Qu'a dit l'ouvreuse ?
– Elle a dit : « C'est le fantôme de l'Opéra ».

L'inspecteur rit de nouveau. Richard devient méchant :
– Allez me chercher l'ouvreuse !

L'inspecteur veut dire quelque chose, mais Richard lui dit :
– Taisez-vous !

Puis, il lui demande :
– Qu'est-ce que le « fantôme de l'Opéra » ?

L'inspecteur n'ose plus parler. Il fait une grimace pour dire qu'il n'en sait rien.

– Vous l'avez déjà vu ?

L'inspecteur bouge la tête pour dire « non ».

– Le fantôme est partout, mais on ne le voit jamais. Je vais m'occuper de tous ceux qui ne voient pas le fantôme.

M. Richard travaille ensuite avec son administrateur et ne s'occupe plus de l'inspecteur. Celui-ci se dirige tout doucement vers la porte. M. Richard hurle alors : « Ne bougez pas ! ». L'ouvreuse entre dans le bureau et le directeur lui demande son nom :

– Mame Giry. Vous me connaissez, je suis la mère de la petite Giry, la petite Meg.

Le directeur ne connaît ni Mame Giry ni la petite Giry ni la petite Meg. Mais Mame Giry pense que tout le monde la connaît.

CHAPITRE 2

Ses chaussures sont usées et sa robe est vieille.
– Qu'est-il arrivé hier soir ? demande le directeur.
– Je voulais vous voir moi aussi. Au début, MM. Debienne et Poligny ne voulaient pas m'écouter et ils ont eu des problèmes, mais...
– Je vous demande : que s'est-il passé hier soir ?
Mame Giry n'aime pas qu'on lui parle sur ce ton. Elle se lève pour partir puis se rassoit.
– On dérange encore le fantôme !
Richard va s'énerver, alors Moncharmin pose les questions. Mame Giry trouve normal d'entendre « il y a quelqu'un » dans une loge où il n'y a personne. On peut la croire, car elle ne ment jamais. On peut aussi demander à MM. Debienne et Poligny, et aussi à M. Isidore Saack, à qui le fantôme a cassé une jambe.
– Le fantôme a cassé une jambe à Isidore Saack ?
Mame Giry ouvre de grands yeux. Ces directeurs ne savent rien ! Elle raconte alors :
– Un soir, M. Maniera et sa dame, Julie Maniera, sont au premier rang. Derrière eux, il y a leur grand ami, M. Isidore Saack. On joue *Faust* et Méphistophélès chante « Vous qui faites l'endormie ». M. Maniera entend alors à son oreille droite : « Ce n'est pas Julie qui fait l'endormie ». Il se tourne à droite, mais ne voit personne. Puis, Méphistophélès chante : « Catherine que j'adore, pourquoi refuser un si doux baiser ? ». La voix dit à l'oreille de M. Maniera : « Julie ne refuse pas un baiser à Isidore ! ». Il se tourne du côté de sa dame et voit Isidore qui embrasse la main de sa femme. M. Maniera est grand et fort (comme Monsieur Richard), il donne une gifle à M. Isidore, qui est mince et faible (comme M. Moncharmin). Mais M. Saack réussit à s'échapper.
– Le fantôme ne lui a pas cassé la jambe alors ? demande

M. Moncharmin (vexé[7] de la description de son physique par Mame Giry).
– Mais si, quand M. Saack s'est enfui par l'escalier !
– Le fantôme vous a raconté ça ?
– Non, c'est M. Maniera.
– Mais vous, vous avez parlé au fantôme ?
– Bien sûr.
– Il vous a dit quoi ?
– Il m'a dit de lui apporter un petit banc.
Richard, Moncharmin et le secrétaire Rémy se mettent à rire. L'inspecteur n'ose plus rire, car il a peur de la colère du directeur.
– Ne riez pas du fantôme, dit Mame Giry. M. Poligny aussi l'a entendu.

---

[7] Vexé : il n'aime pas sa description par Mame Giry.

— Un soir, on jouait *La Juive* et M. Poligny assistait au spectacle dans la loge n° 5. Quand Léopold a chanté « Fuyons ! », M. Poligny, a quitté la loge, blanc comme un mort et s'est perdu dans l'Opéra. Il le connaît bien pourtant ! Depuis ce soir-là, les directeurs réservent la loge n° 5 au fantôme. Il arrive vers le milieu du premier acte et frappe trois petits coups à la loge. La première fois, je ne comprenais pas, car je ne voyais personne dans la loge. Mais une voix m'a dit : « Mame Jules (c'est le nom de mon mari), un petit banc, s'il vous plaît ». Cela venait du premier fauteuil. Je ne voyais personne, mais il y avait quelqu'un de très poli. J'amène donc un banc à chaque fois, mais je ne le vois jamais.

L'inspecteur fait de grands gestes derrière l'ouvreuse : cette femme est folle.

— Il laisse toujours une pièce dans la loge, continue Mame Giry. Parfois, je trouve une rose. Une fois, il y avait une boîte de mes bonbons anglais préférés.

— C'est bien, Mame Giry, vous pouvez partir, dit Richard.

Mame Giry quitte le bureau et les deux directeurs disent à l'inspecteur de renvoyer Mame Giry de l'Opéra. Puis, quand l'inspecteur est parti, ils disent à l'administrateur de renvoyer aussi l'inspecteur.

Ensuite, ils ont la même idée : aller faire un tour dans la loge n° 5.

CHAPITRE 3

Raoul l'aime tellement

Christine Daaé ne chante plus à l'Opéra depuis son triomphe lors de la soirée de gala. On ne la voit nulle part. Pourquoi ? Personne ne le sait. On dit qu'elle est orgueilleuse[1] ou, au contraire, trop modeste[2]. Le vicomte Raoul de Chagny lui écrit une lettre et, un matin, il reçoit cette réponse :

Monsieur, je n'oublie pas l'enfant qui est allé chercher mon écharpe dans la mer. Je pars aujourd'hui pour Perros[3]. C'est l'anniversaire de la mort de mon pauvre papa. Il vous aimait bien. Il est enterré avec son violon. Le cimetière est au bord de la route où nous nous sommes dit adieu.

Le vicomte de Chagny s'habille très vite et part à la gare Montparnasse. Il rate le train et passe la journée à attendre le suivant. Une fois dans le wagon, Raoul relit la lettre de Christine. Il rêve de la jeune femme durant toute la nuit du voyage. Il descend à Lannion puis prend la diligence[4] pour Perros-Guirec. Le cocher[5] a vu la veille une jeune femme à l'air de Parisienne. Elle voyageait seule et est maintenant à l'hôtel du Soleil-Couchant. Raoul est heureux, car il va pouvoir parler seul à Christine. Il l'aime tellement !

Durant la fin de son voyage, Raoul pense à l'histoire de Christine et à ses souvenirs avec elle. Enfant, Christine habite avec ses

---

1 Orgueilleuse : elle se trouve merveilleuse.
2 Modeste : elle ne pense pas avoir de grandes qualités.
3 Perros : Perros-Guirec, une ville en Bretagne.
4 Une diligence : une voiture à cheval. Le bus de l'époque.
5 Un cocher : il conduit une voiture à cheval.

parents dans les environs d'Upsal, en Suède. Son père cultive la terre pendant la semaine et chante le dimanche. C'est un grand musicien. Il fait danser dans les mariages et les fêtes de toute la Scandinavie. Il apprend aussi à Christine à lire la musique. Christine a six ans lorsque sa mère meurt. Son père vend sa maison et ils partent chercher la gloire à Upsal. Mais ils ne trouvent que la misère. Un jour, le professeur Valérius les entend jouer à la foire de Limby. Pour lui, le père est le plus grand violoniste du monde et la fille a le talent d'une grande artiste. Valérius et sa femme s'occupent de l'éducation de Christine. La mère Valérius considère Christine comme sa fille. C'est pourquoi Christine et son père accompagnent les Valérius lorsqu'ils vont s'installer en France. Mais le père Daaé regrette son pays : il passe ses journées dans sa chambre à jouer du violon et à chanter.

L'été, ils partent tous ensemble à Perros-Guirec. Les couleurs de la Bretagne rappellent la Suède au père Daaé. À l'époque des pardons[6], Daaé et sa fille parcourent la région. Ils chantent et dansent dans les villages et couchent dans des fermes. Un jour, sur une plage, le vent emporte l'écharpe de Christine. Un petit garçon lui dit :

— Ne vous dérangez pas, Mademoiselle, je vais ramasser votre écharpe dans la mer.

C'est le vicomte Raoul de Chagny. Il entre dans l'eau tout habillé. Sa gouvernante crie et Christine rit de tout son cœur. Raoul rapporte l'écharpe et Christine l'embrasse. Les deux enfants se voient ensuite tous les jours. Le père Daaé donne même des leçons de violon à Raoul. Ainsi, Raoul apprend à aimer les mêmes airs que Christine. Ils ont tous les deux la même petite âme rêveuse et calme. Le soir, après le coucher du soleil, le père Daaé s'assoit avec eux au bord de la route. Il leur raconte les histoires

---

6 Un pardon : une fête religieuse de Bretagne.

du pays du Nord. Quand il se tait, les enfants disent : « Encore ». L'Ange de la musique apparaît dans beaucoup de ses histoires. Ce personnage rend visite à tous les grands musiciens au moins une fois dans leur vie. Grâce à lui, ils jouent très bien d'un instrument ou chantent d'une façon extraordinaire. Le père Daaé n'a jamais vu l'Ange, mais il dit à Christine :

— Quand je serai au ciel, je te l'enverrai et tu l'entendras.

Christine fait des études de musique. Elle est douée et on dit qu'elle sera une grande artiste. Mais Christine perd son génie et son âme à la mort de son père.

Bien des années plus tard, Raoul entend Christine chanter à l'Opéra. Il la trouve toujours très jolie, mais elle semble détachée de tout[7]. Il veut lui parler et va souvent devant sa loge. Mais Christine ne le voit pas ou ne s'intéresse pas à lui. Et puis, il y a le triomphe de la soirée de gala et la voix d'homme derrière la porte de la loge. Pourquoi Christine a ri quand elle a ouvert les yeux et a vu Raoul ? Pourquoi lui écrit-elle maintenant ?

Quand Raoul retrouve Christine à l'auberge, son cœur bat très fort.

— Vous êtes venu, dit Christine. On m'a annoncé votre arrivée.

Raoul prend la main de Christine dans ses mains et demande :

— Qui ?

— Mon pauvre papa.

— Vous a-t-il dit aussi : « Raoul vous aime, il ne peut pas vivre sans vous » ?

— Vous êtes fou, mon ami.

— Je suis sérieux. Pourquoi vous m'avez fait venir ici ?

— Je ne sais pas. Je suis une petite fille heureuse de revoir son petit camarade.

Ils se taisent. Christine n'est pas naturelle et Raoul veut

---

7 Détachée de tout : elle ne s'intéresse pas à ce qu'elle fait.

comprendre pourquoi. Elle avoue l'avoir vu plusieurs fois à l'Opéra avant la soirée de gala.

— Pourquoi ne m'avez-vous pas reconnu ce soir-là dans votre loge ? Car il y avait quelqu'un dans votre loge ?

— De qui parlez-vous ?

— De celui à qui vous avez dit : « Je ne chante que pour vous ! »

Christine attrape le bras de Raoul et le serre avec une force incroyable.

— Vous écoutez derrière ma porte ?

— Oui, car je vous aime. Mais il vous a dit : « Il faut m'aimer ».

Christine devient pâle, elle va tomber, mais Raoul la retient. Elle fixe Raoul avec des yeux de folle puis elle se met à pleurer. Le jeune homme veut la prendre dans ses bras, mais elle se sauve dans sa chambre.

Jaloux et malheureux, Raoul se rend au cimetière. Il se promène parmi les tombes. Des roses rouges sur l'une d'elles apportent un peu de vie dans ce décor de mort. La mort est partout et il y a même des centaines de squelettes et de crânes contre le mur de l'église. Raoul prie pour le père Daaé puis, quand la nuit tombe, il quitte le cimetière. Il s'assoit face à la mer. Il venait souvent ici avec Christine pour voir danser les korrigans[8]. Il ne les voyait pas, mais Christine disait en voir beaucoup. Soudain, une voix lui demande :

— Les korrigans viendront ce soir ?

C'est Christine.

— Écoutez-moi, Raoul, je dois vous dire quelque chose de très grave. Vous vous souvenez de la légende de l'Ange de la musique ? Eh bien, il est venu me voir.

Raoul la comprend : elle doit mélanger le souvenir de son père et son triomphe à l'Opéra.

— J'en suis sûr, répond-il. Vous chantez tellement bien.

— Il vient me donner des leçons quotidiennes dans ma loge.

— Dans votre loge ?

— Oui. C'est là que je l'entends. C'est lui qui a dit : « Il faut m'aimer. »

Raoul rit.

— Quoi, Raoul ? Vous ne me croyez pas ? Il n'y avait personne dans ma loge, mais l'Ange me parlait.

— Je le sais. Mais quelqu'un se moque de vous.

Elle pousse un cri et s'en va. Il court après elle, mais elle lui dit :

— Laissez-moi !

Raoul rentre à l'auberge. Il est fatigué, découragé et triste. Il dîne tout seul et lit ensuite dans sa chambre. Que fait Christine ? Dort-elle ? À onze heures et demie, il entend marcher dans la

---

8 Un korrigan : un personnage des légendes bretonnes.

CHAPITRE 3

chambre de Christine. Soudain, il entend une porte. Il regarde dans le couloir et voit Christine descendre l'escalier. Puis il entend l'aubergiste dire « Ne perdez pas la clé ». Il retourne dans sa chambre et voit Christine sur le quai par sa fenêtre. Raoul quitte à son tour l'hôtel.

L'horloge de l'église sonne minuit moins le quart. Christine se met à courir vers le cimetière. La lune éclaire la neige. Christine veut sans doute prier sur la tombe de son père. Mais pourquoi ne l'entend-elle pas marcher derrière elle ? Elle s'arrête devant la tombe et s'agenouille. Minuit sonne à ce moment-là. Au dernier coup, la jeune fille lève la tête, regarde le ciel et tend les bras vers la Lune. Que se passe-t-il ? Raoul lève aussi les yeux vers le ciel et entend une musique. Christine et lui la connaissent. C'est la *Résurrection de Lazare*. Le père Daaé leur jouait souvent. Mais elle est encore plus belle cette nuit. D'où vient-elle ? Il n'y a aucun musicien dans le cimetière. Raoul pense au violon dans la tombe du père Daaé ! Il a alors très peur et croit entendre rire les têtes de mort contre le mur de l'église.

Puis Christine se relève et quitte le cimetière. Une tête de mort roule jusqu'aux pieds de Raoul, puis une autre, et une autre... Il voit alors une ombre[9] sur le mur, elle ouvre la porte de l'église et pénètre à l'intérieur. Il court dans l'église et attrape un bout de son manteau. L'ombre se retourne. Une effroyable tête de mort regarde Raoul avec des yeux de feu. C'est le diable[10] ! Raoul s'évanouit.

Le lendemain matin, il se réveille dans sa petite chambre de l'auberge du Soleil-Couchant.

---

9 Une ombre : une forme noire.
10 Le diable : il représente le mal.

CHAPITRE 4

Un malheur à l'Opéra

Messieurs Richard et Moncharmin sont seuls dans la grande salle de l'Opéra. Ils regardent la loge n° 5 depuis le premier rang des fauteuils d'orchestre[1]. Tout à coup, M. Richard voit une forme dans la loge. M. Moncharmin en voit une aussi. Ils ne disent rien, mais se prennent la main et restent quelques minutes sans bouger. Puis la forme disparaît. Pour Moncharmin, la forme était une tête de mort et pour Richard, c'était une vieille femme qui ressemblait à la mère Giry. Ils rient de leur imagination et courent vers la loge. Elle est vide comme toutes les autres !

— On se moque de nous, s'écrie Firmin Richard. Samedi, on joue *Faust* et nous serons tous les deux dans la loge n° 5 !

Mais le samedi matin, les directeurs reçoivent une lettre :

Mes chers directeurs,

C'est donc la guerre ? Si vous voulez encore la paix, voici mes conditions :

1) Me rendre ma loge.

2) Christine Daaé doit chanter le rôle de « Marguerite » ce soir (ne vous occupez pas de la Carlotta, elle sera malade).

3) Mme Giry doit retrouver son travail d'ouvreuse.

4) Donnez une lettre à Mme Giry dans laquelle vous acceptez le cahier des charges comme vos prédécesseurs[2].

À bon entendeur, salut[3] !

F. DE L'O.

---

1 L'orchestre : les places situées au même niveau que la scène dans un théâtre.
2 Les prédécesseurs : les directeurs avant eux.
3 À bon entendeur, salut : les deux directeurs doivent faire ce que dit la lettre, sinon…

— Il m'énerve, crie Richard et il tape des poings sur la table.

À ce moment-là, Mercier, l'administrateur, entre dans le bureau :

— Lachenal veut voir l'un de vous deux.

— Qui est Lachenal ? demande Richard.

— L'écuyer[4] en chef. Il s'occupe donc de l'écurie.

— Il y a une écurie à l'Opéra ? Mais où est-elle ? À quoi sert-elle ?

— Elle est dans les sous-sols. Nous avons douze chevaux pour certains spectacles.

— Faites-le entrer.

Lachenal vient demander aux directeurs de renvoyer tous les palefreniers[5] car on a volé César, le plus beau de ses chevaux.

— Les palefreniers accusent des figurants[6].

— Et vous, vous avez une idée ?

— Bien sûr. C'est le fantôme.

— Ah ! Vous aussi !

— J'ai vu une ombre noire. Elle montait un cheval qui ressemblait à César. J'ai couru après, mais elle est partie à toute allure.

M. Richard se lève :

— Très bien, Monsieur Lachenal, vous pouvez nous laisser. Je vais déposer une plainte[7] contre le fantôme et mettre à la porte vos palefreniers.

Lachenal sort du bureau et Richard dit à Mercier :

— Renvoyez cet imbécile !

— Mais c'est un ami de M. le commissaire du gouvernement. Et il prend l'apéritif avec des journalistes. Il va leur raconter cette histoire de fantôme et nous serons ridicules.

---

4 Un écuyer : il dresse les chevaux.
5 Un palefrenier : il donne à manger et lave les chevaux.
6 Un figurant : il participe à un spectacle mais n'a pas de rôle principal.
7 Déposer une plainte : signaler le fantôme à la police.

CHAPITRE 4

— D'accord, n'en parlons plus, dit Richard.

À ce moment-là, Mame Giry entre dans le bureau. Elle dit venir de la part du fantôme. Richard est furieux. Il fait pivoter Mame Giry et lui donne un coup de pied dans les fesses. Elle hurle des menaces de mort.

À la même heure, la Carlotta est dans son hôtel de la rue du Faubourg Saint-Honoré. Elle lit une lettre anonyme à l'encre rouge : « *Ne chantez pas ce soir. Sinon, il vous arrivera un malheur pire que la mort !* »

La Carlotta reçoit parfois ce genre de lettre. D'après elle, elles viennent d'amis de Christine Daaé. La Carlotta ne l'aime pas et est jalouse de son triomphe. Mais la Carlotta a aussi des amis, ils seront ce soir à l'Opéra pour la soutenir. À cinq heures, elle reçoit une nouvelle lettre de menace, mais elle en rit.

Le soir, la salle est pleine d'habitués et les directeurs sont dans la loge n° 5. Richard est assis dans le fauteuil du fantôme. Quand la représentation commence, il se penche vers son associé et lui dit :

— Tu entends une voix, toi ?

— Ne sois pas trop pressé ! Le fantôme arrive toujours vers le milieu du premier acte.

Le premier acte se passe sans incident.

— Et d'un, dit Moncharmin.

— Le fantôme est en retard, s'amuse Richard.

À ce moment-là, Moncharmin montre une grosse dame et deux hommes mal habillés au milieu de la salle.

— C'est ma concierge, dit Richard. Elle va bientôt remplacer Mame Giry comme ouvreuse et je lui ai donné des places. C'est sa première fois à l'Opéra.

Pendant l'entracte, les directeurs quittent leur loge quelques instants. Quand ils reviennent, ils trouvent une boîte de bonbons anglais. D'où viennent-ils ? Ils n'ont plus envie de rire, surtout qu'ils sentent un courant d'air autour d'eux.

Sur la scène, Christine Daaé chante. Elle aperçoit soudain le vicomte de Chagny dans sa loge et sa voix se met à trembler. Le vicomte pleure comme un enfant. Après son voyage à Perros, Christine lui a écrit une lettre :
Mon cher ancien petit ami, ne venez plus me voir si vous m'aimez. Ne venez plus dans ma loge. Il y va de ma vie et de la vôtre.
Votre petite Christine.
La Carlotta entre bientôt sur scène sous de nombreux applaudissements. On l'acclame à la fin de ses airs. Mais, soudain, il arrive une chose effroyable. Son visage se tord de douleur et ses yeux sont comme fous. Puis le bruit d'un crapaud sort de sa bouche : *couac* ! D'où vient ce *couac* ? Il n'est pas naturel, c'est un sortilège[8] ! La salle est sous le choc. La Carlotta regarde autour d'elle et place ses mains autour de sa gorge. Ce *couac* n'est pas à elle ! Tout cela ne dure que quelques secondes, mais elles sont interminables pour les deux directeurs. Depuis un instant, le fantôme est avec eux. Son souffle soulève les cheveux de Moncharmin et le front de Richard est en sueur[9]. Ils entendent sa respiration, ils sentent sa présence. Ils sont trois dans la loge ! Ils veulent fuir, mais n'osent pas.

— Continuez ! crie Richard à la Carlotta.

Elle ne continue pas, mais recommence à chanter le même air : *J'écoute. Et je comprends cette voix solitaire... (couac !)... qui chante dans mon... (couac !)*

La salle s'agite. Les deux directeurs n'osent plus regarder. Et là, ils entendent dans leur oreille droite :

— Elle chante ce soir à décrocher le lustre[10] !

Ils lèvent la tête et voient le lustre tomber et s'écraser sur la tête de la concierge de M. Richard ! Elle meurt sur le coup. Les

---

8 Un sortilège : une action magique.
9 En sueur : il a chaud.
10 Un lustre : une grande lampe accrochée à un plafond.

journaux écrivent le lendemain : *Deux cent mille kilos sur la tête d'une concierge !*

Après cette soirée tragique, la Carlotta tombe malade et Christine Daaé disparaît pendant quinze jours. L'enquête sur la chute du lustre conclut à un accident.

Les deux directeurs sont tristes et traversent maintenant l'Opéra la tête basse.

Raoul leur demande des explications sur la disparition de Christine Daaé. Ils répondent simplement que Christine est absente, car elle est malade. Ils n'en savent pas plus.

Raoul se rend chez Mme Valérius, rue Notre-Dame-des-Victoires. Ses cheveux sont devenus blancs, mais ses yeux sont toujours jeunes.

— M. de Chagny ! dit-elle avec joie.

— Madame, où est Christine ?

— Elle est avec son « bon génie », l'Ange de la musique. Mais il ne faut pas le répéter.

— Vous pouvez compter sur moi.

Le bon génie, l'Ange de la musique, le fantôme de l'Opéra… Raoul ne sait pas quoi penser.

— Je vous aime bien, dit Mme Valérius. Christine aussi vous aime bien. Vous lui avez dit votre amour, n'est-ce pas ? Mais Christine n'est pas libre.

— Elle est fiancée ?

— Non, mais le génie de la Musique lui interdit de se marier.

— Il lui interdit ?

— Pas vraiment. Mais si Christine se marie, alors elle ne l'entendra plus, il partira pour toujours. Elle ne veut pas le laisser partir, c'est normal.

— C'est normal…

— Elle ne vous l'a pas dit à Perros ? Son génie devait jouer la *Résurrection de Lazare* sur la tombe de Daaé avec le violon de son père.

Raoul se lève et dit avec autorité :

— Madame, dites-moi où ce génie habite !

— Mais, au ciel !

Raoul est stupéfait ! Il comprend l'état d'esprit de Christine, avec un père superstitieux et une mère folle.

— Depuis combien de temps connaît-elle ce génie ? demande Raoul.

— Il lui donne des leçons depuis trois mois dans sa loge. Il n'y a personne à huit heures à l'Opéra, on ne les dérange pas. Vous comprenez ?

— Je comprends.

Raoul quitte la vieille dame sur-le-champ[11]. Il veut se taper la tête contre les murs. Comment a-t-il pu se tromper sur Christine ?

---

[11] Sur le champ : tout de suite, sans attendre.

Il la croyait innocente ! Le génie de la musique doit être un joli garçon qui chante la bouche en cœur[12].

Raoul retourne chez son frère et tombe dans ses bras. Philippe lui apprend qu'on a vu Christine la veille au soir dans une voiture dans le bois. Après le dîner, vers dix heures, Raoul se rend à l'endroit indiqué. Il fait très froid et la lune éclaire la route. Une demi-heure plus tard, une voiture s'approche de lui. Une femme penche sa tête par la vitre ouverte. C'est elle ! Mon Dieu, comme il l'aime !

— Christine !

Mais la voiture accélère et passe devant lui, la vitre fermée. Il court derrière et appelle encore, mais elle ne répond pas. Il l'aime, mais elle ne l'aime pas.

— Raoul, cette jeune fille joue avec toi.

Est-elle timide ? Mais pourquoi se promène-t-elle alors avec un mystérieux amoureux ?

— Va-t'en ! crie-t-il. Disparais ! Tu ne comptes pas.

Raoul a vingt ans et il veut mourir.

Le lendemain matin, son domestique le trouve encore habillé et désespéré sur son lit. Raoul lui arrache le courrier des mains. Il reconnaît l'écriture d'une lettre :

Mon ami, soyez demain au bal masqué de l'Opéra, à minuit, dans le petit salon derrière la cheminée du grand foyer. Ne parlez pas de ce rendez-vous. Mettez-vous en domino blanc, bien masqué. On ne doit pas vous reconnaître.

Christine.

---

12 La bouche en cœur : avec des manières pour séduire Christine.

CHAPITRE 5

QUI EST ÉRIK ?

Raoul relit la lettre de Christine et son espoir renaît. Quelqu'un utilise la vieille légende de l'Ange de la musique pour tromper la jeune femme : l'idée lui fait mal, mais il préfère une Christine innocente à une Christine menteuse. Mais peut-être joue-t-elle avec lui. Doit-il la plaindre ou la maudire[1] ? Il ne sait pas. Alors, tour à tour, il la plaint et la maudit.

Le bal de l'Opéra est une fête extraordinaire. Raoul est déguisé en domino blanc et porte un masque. À minuit moins cinq, il monte le grand escalier et entre dans le salon derrière la cheminée du grand foyer. Il y a beaucoup de monde. Très vite, un domino noir lui serre la main.

– C'est vous, Christine ? demande-t-il.

Le domino place son doigt devant ses lèvres : il ne doit pas dire son nom. Raoul la suit en silence. Il ne ressent plus de haine contre elle. Il veut bien tout pardonner. Il l'aime et bientôt elle va tout lui expliquer. Ils passent à côté d'un groupe de personnes qui entoure un personnage à l'aspect macabre[2]. Ses habits sont rouge vif et il a un immense chapeau à plumes sur sa tête de mort. On lit en lettres d'or sur son long manteau : « *Ne me touchez pas ! Je suis la Mort rouge qui passe* ». Raoul reconnaît la tête de mort : c'est celle du cimetière de Perros ! Il veut se précipiter sur elle, mais le domino noir l'entraîne loin du foyer. Ils montent deux étages

---
1 Maudire : penser du mal.
2 Macabre : qui fait penser à la mort.

puis entrent dans une loge. Raoul enlève son masque. Christine garde le sien et regarde dans le couloir :
— Il doit être au-dessus. Il redescend !
Elle veut fermer la porte, mais Raoul l'en empêche.
— C'est lui, il ne peut pas m'échapper.
Mais Christine ne le laisse pas sortir :
— De qui parles-tu ?
— De votre ami du cimetière de Perros, Madame, votre Ange de la musique. Je veux enlever son masque et savoir qui vous aimez et qui vous aime !
— Au nom de notre amour, Raoul, restez là !
Que dit-elle ? Elle ne parle jamais de leur amour. Pourquoi maintenant ? Veut-elle laisser le temps à la Mort rouge de s'échapper ? Leur amour ? Elle ment !

— Pourquoi m'avoir laissé de l'espoir ? Pourquoi vous moquer de moi ? Je vous déteste.
— Un jour, vous me demanderez pardon de ces paroles. Et je vous pardonnerai.
— Non ! Vous me rendez fou. Je voulais donner mon nom à une jeune fille d'Opéra ! Je vais mourir.
— Vivez, mon ami. Et adieu ! Je ne chanterai plus, Raoul. Nous ne nous reverrons plus, c'est fini !
— Mais enfin, quelle est cette histoire ? Expliquez-moi ! Quelle est cette comédie ?

Christine ôte son masque :
— C'est une tragédie, mon ami.

Le visage de Christine est pâle, ses yeux sont mystérieux et tristes. Raoul est effrayé. Il tend les bras et dit :
— Mon amie ! Vous avez promis de me pardonner.
— Peut-être un jour.

Christine remet son masque et s'en va. Raoul veut la suivre, mais elle fait un geste d'adieu. Il rejoint la foule du bal. Il cherche la Mort rouge, mais il ne la voit nulle part.

Vers deux heures du matin, Raoul se dirige vers la loge de Christine. Il entre et voit du papier à lettres sur le bureau. Il pense lui écrire quelques mots, mais entend des pas dans le couloir. Il se cache derrière un rideau. Christine entre et murmure : « Pauvre Érik ». Pourquoi dit-elle cela et pas « Pauvre Raoul » ? Christine se met à écrire puis s'arrête. Elle semble écouter. Raoul aussi entend une voix lointaine. Puis la voix s'approche. Elle est douce et belle. Christine lui parle :
— Me voici, Érik, je suis prête.

Mais Raoul ne voit personne ! Un sourire illumine le visage de Christine. La voix chante de nouveau. C'est à la fois fort et doux. L'air est simple, mais la voix le rend magnifique. Christine tend les bras comme elle les tendait vers le violoniste invisible dans le cimetière de Perros.

Raoul veut réagir, mais il est aussi sous le charme du chant. Il réussit quand même à tirer le rideau. Christine avance vers son image dans un grand miroir. Les deux Christine s'approchent l'une de l'autre, se touchent, puis ne sont plus qu'une personne. Raoul veut les saisir, mais il sent un vent glacé sur son visage. Il voit quatre, huit, vingt Christine qui tournent autour de lui. Puis, tout à coup, il se voit dans la glace. Christine n'est plus là.

Où est-elle ? Il s'assied et pleure comme un enfant :

— Qui est cet Érik ?

Le lendemain, Raoul se rend chez Mme Valérius pour avoir des nouvelles de Christine. La dame est assise dans son lit et tricote. Christine est là aussi et fait de la dentelle. Son visage a de nouveau des couleurs fraîches. Elle se lève et lui tend la main. Raoul ne comprend pas.

— Eh bien, monsieur de Chagny, vous ne connaissez plus notre Christine ? Son « bon génie »…

— Maman, vous savez bien que le génie de la musique n'existe pas. Je vous expliquerai un jour. Mais ceci n'intéresse pas Monsieur de Chagny.

— Vous vous trompez. Et je m'inquiète de l'aventure dangereuse que vous vivez en ce moment.

— Christine est en danger ?

— Ne le crois pas, maman.

— Dans ce cas, ma chérie, promets-moi de ne pas me quitter, dit Mme Valérius.

— C'est une bonne idée, dit Raoul. Restez avec nous !

— Seul mon mari peut me contrôler. Mais je n'ai pas de mari et je n'en aurai jamais !

Raoul voit alors un anneau en or à un doigt de Christine.

— Cette alliance est pourtant une promesse. Madame, pourquoi me torturer ? J'ai vu votre réaction dans votre loge au son de la voix. Vous êtes sous un charme dangereux. Le génie n'existe pas,

dîtes-vous. Alors, pourquoi le suivre ? Christine, dites-nous qui est cette voix. Quel est le nom de cet homme ?
— Vous ne le saurez jamais.
La maman Valérius prend la défense de sa fille :
— Si elle aime cet homme, cela ne vous regarde pas, Monsieur.
— Il n'est pas digne d'elle[3].
— Ce n'est pas à vous d'en juger. Vous ne savez rien sur lui.
— Je sais une chose : il s'appelle Érik. Vous avez dit : « Pauvre Érik ».
— Vous écoutez toujours aux portes ?
— Non, j'étais dans votre loge !
— Malheureux ! Vous voulez qu'on vous tue ?
— Peut-être.
Raoul parle avec amour et désespoir. Christine se met alors à pleurer et lui prend les mains. Elle lui demande d'oublier cette voix et de ne pas chercher à en savoir plus.
— Ce mystère est donc terrible ?
— C'est le plus terrible. Ne venez pas dans ma loge. Jurez-le-moi !
— Vous me promettez de m'y inviter parfois ?
— Je vous le promets.
— Quand ?
— Demain.
— Alors, je veux bien jurer.
Le lendemain, Raoul et Christine se voient à l'Opéra. Raoul annonce que son expédition au pôle part dans trois semaines. Il a peur de ne plus jamais la revoir.
— Fiançons-nous[4] pour un mois, dit Christine. Après votre départ, je serai heureuse toute ma vie avec le souvenir de ce mois. Jouons au futur petit mari et à la future petite femme !

---

3   Être digne d'elle : il n'a pas assez de qualités pour elle.
4   Se fiancer : s'engager à se marier.

Raoul accepte de jouer : il espère découvrir le mystère pendant ce mois et que Christine acceptera ensuite de devenir sa femme. Les premiers jours sont agréables. Ils se disent des choses merveilleuses, s'écrivent des lettres et passent des après-midis dans la loge de Christine. Mais au bout de huit jours, Raoul annonce qu'il ne part plus au pôle. Christine prend peur et disparaît deux jours.

Puis Christine remplace la Carlotta dans le rôle de *La Juive*. C'est un triomphe ! Raoul assiste au spectacle puis retrouve Christine dans sa loge. Il se met à genoux, dit qu'il partira au pôle et veut passer chaque heure de ce mois avec elle. Elle pleure et ils s'embrassent comme un frère et une sœur heureux de se retrouver. Soudain, elle entend quelque chose.

— Sortez, dit-elle et revenez demain. Ce soir, j'ai chanté pour vous.

Raoul revient le lendemain. Mais l'ambiance n'est plus la même. Ils se regardent avec des yeux tristes et ne disent rien.

— Allons nous promener, dit Christine, l'air frais nous fera du bien.

Raoul espère sortir de l'Opéra, mais elle l'entraîne au milieu du décor du prochain spectacle.

— Notre amour est bien ici, n'est-ce pas ? Ces décors voient les plus beaux amours inventés par les poètes. Notre amour aussi est une illusion [5].

Un autre jour, ils se promènent au milieu des costumes. Mais Christine devient de plus en plus nerveuse. Elle court parfois après une ombre imaginaire et s'arrête tout à coup. Sa main est froide. Elle rit puis se met à pleurer.

Un autre jour encore, ils passent devant une trappe [6] ouverte sur la scène. Raoul lui demande s'ils peuvent visiter les sous-sols de l'Opéra.

---

5 Une illusion : elle n'existe pas.
6 Une trappe : une porte dans le sol.

— Jamais ! dit-elle. Vous n'avez pas le droit d'y aller. Tout ce qui est sous la terre lui appartient.
— Il habite donc là-dessous ?
— Je n'ai pas dit cela ! Venez !
Elle l'entraîne plus loin. Soudain, la trappe se ferme violemment.
— C'est lui ?
— Mais non, dit Christine. Il travaille.
— À quoi ?
— À quelque chose de terrible. Nous sommes tranquilles quand il travaille, car il n'a pas le temps de jouer avec les trappes.
— Vous avez peur de lui ?
— Mais non !
Pourtant, Christine tremble et s'éloigne de la trappe.
Les jours suivants, ils se promènent dans les combles[7], loin des trappes. Christine est de plus en plus agitée. Un après-midi, elle arrive très en retard, le visage pâle et les yeux rouges. Raoul lui dit alors :
— Je ne pars pas au pôle avant de savoir le secret de cette voix.
— Taisez-vous ! Il ne doit pas vous entendre sinon…
— Mais je peux vous sauver. Je vous cacherai là où il ne viendra pas vous chercher. Puis, je partirai aussi parce que vous ne voulez pas vous marier avec moi.
Christine le croit quelques instants. Alors, elle l'entraîne jusqu'au dernier étage de l'Opéra. Elle serre avec force les mains de Raoul. Puis elle tourne la tête, inquiète. Elle l'entraîne encore plus haut, juste sous les toits. À chaque instant, elle regarde derrière elle, mais elle ne voit pas l'ombre qui les suit.

---

7 Les combles : les espaces sous les toits d'une maison.

CHAPITRE 6

Christine raconte tout

Christine et Raoul sont assis sur les toits de l'Opéra.
— Bientôt, dit Christine, nous partirons. J'ai peur de retourner avec lui sous la terre.
— N'y retournez pas !
— Je le dois, sinon de grands malheurs arriveront. Il va venir me chercher avec sa voix. Il se mettra à genoux et pleurera. Ah, je ne veux plus voir ses larmes par les trous de sa tête de mort ! C'est trop horrible.
— Fuyons maintenant.
— Non, c'est trop cruel. Il doit encore m'entendre chanter une fois demain soir. Vous viendrez me chercher à minuit dans ma loge et nous partirons.

Raoul et Christine se retournent en même temps.
— Vous avez entendu ? demande Raoul. Quelqu'un souffre ici.

Ils se lèvent et regardent autour d'eux. Mais ils sont seuls sur le toit. Christine raconte alors son histoire.

— Quand j'ai entendu la Voix pour la première fois, j'ai pensé à l'Ange de la musique. Elle m'a proposé de me donner des leçons et j'avais confiance. L'œuvre de mon père continuait. J'ai fait des progrès incroyables. La Voix habitait ma bouche. Mais en dehors de ma loge, je chantais avec ma voix ordinaire. « Attendez encore un peu, vous verrez, nous étonnerons Paris », me disait-elle. Un soir, je vous ai vu dans la salle. J'étais heureuse. J'ai raconté à la Voix mon amour pour vous. Elle est devenue jalouse.

Christine et Raoul restent un long moment silencieux dans les

CHAPITRE 6

bras l'un de l'autre. Ils ne voient pas l'ombre des deux grandes ailes qui vient de se rapprocher d'eux.

— Le lendemain, la Voix m'a parlé avec une grande tristesse. Elle voulait remonter au ciel. Je ne voulais pas, car ses leçons étaient si belles et me faisaient penser à mon père. Je savais aussi notre amour impossible, Raoul, à cause de votre place dans la société. C'est pourquoi je ne voulais pas vous voir. Un soir, la Voix m'a dit : « Va maintenant, tu peux apporter aux hommes la musique du ciel. »

Raoul se souvient du triomphe de la soirée de gala.

— Quand j'ouvrais les yeux dans ma loge après le spectacle, vous étiez là, mais la Voix aussi. J'ai fait exprès de ne pas vous reconnaître. Mais, plus tard, la voix m'a fait une scène horrible ! Comment ne me suis-je pas rendu compte de l'imposture[1] quand elle a joué du violon sur la tombe de mon père ? Et puis, un soir, j'ai quitté ma loge sans savoir comment. Je me suis retrouvée dans un couloir noir. Un homme avec un grand manteau noir et un masque sur le visage a posé sa main sur la mienne. Elle était froide et sentait la mort. Je me suis évanouie. À mon réveil, j'avais la tête sur ses genoux. Qui était-il ? Où était la voix ? Il m'a installé sur César, le cheval blanc. Étais-je la prisonnière du fantôme de l'Opéra ? Nous sommes arrivés au bord d'un lac et nous sommes montés dans une barque[2]. Je me suis endormie à nouveau. À mon réveil, j'étais dans un salon. L'homme était à genoux devant moi : « *Rassurez-vous. Vous ne courez aucun danger* ». C'était la Voix. Je voulais lui arracher son masque. « *Vous ne courez aucun danger, mais vous ne devez pas toucher à ce masque. Je ne suis ni ange, ni génie, ni fantôme. Je suis Érik !* » La Voix était un homme ! J'ai alors beaucoup pleuré.

Raoul et Christine se retournent à nouveau. L'écho répète-t-il « Érik » ? Raoul se lève, mais Christine le retient :

---

1 Une imposture : la Voix se fait passer pour l'Ange de la musique.
2 Une barque : un petit bateau en bois.

— Restez ! Vous devez tout savoir ici.
— Pourquoi ici ?
— Nous sommes loin des trappes. Je n'ai pas le droit de vous voir en dehors de l'Opéra. Il ne faut pas le contrarier [3].

Raoul veut fuir tout de suite. Mais Christine ne veut pas faire de mal à Érik.

— Que ressentez-vous pour lui ?
— De l'horreur, mais je ne le déteste pas. Écoutez la suite de mon histoire : Érik est à mes pieds. Il me retient sous terre, mais il me respecte et il pleure. Je peux partir, mais il se met à chanter et je reste, car ses airs sont doux. Je m'endors encore et me réveille cette fois dans une petite chambre. Je trouve une lettre à l'encre rouge : « *Vous êtes seule en ce moment, car je suis en train d'acheter le*

---

3 Le contrarier : faire ce qu'Érik ne veut pas.

CHAPITRE 6

linge dont vous aurez besoin ». Je suis donc entre les mains d'un fou ! Quand il revient, je lui demande d'enlever son masque : « *Vous ne verrez jamais le visage d'Érik. Dans cinq jours, vous serez libre, car vous ne me craindrez plus et vous reviendrez* ». Des larmes coulent sous son masque. Nous déjeunons ensemble puis il m'emmène dans sa chambre et me montre son cercueil[4] : « *Je dors dedans, car nous devons nous habituer à tout, même à l'éternité*[5]. » Je détourne la tête devant ce spectacle. Sur le pupitre d'un grand orgue, je vois un cahier avec des notes de musique rouges et le titre *Don Juan triomphant*. « *Je travaille dessus depuis vingt ans. Quand il sera fini, je le prendrai avec moi dans ce cercueil et je ne me réveillerai plus.* » Il se met au piano et nous chantons le duo d'*Othello*. C'est magnifique. Petit à petit, je m'approche de lui et j'arrache son masque.

– Oh ! horreur !... horreur !... horreur !...

Christine prend les mains de Raoul dans les siennes : une voix vient-elle de répéter trois fois « horreur ! » ?

– J'entendrai toujours le cri de sa douleur. Oh ! Raoul, imaginez une tête qui bouge avec les quatre trous de son nez, ses yeux et sa bouche ! Il crie : « *Vois ma laideur ! Vous êtes si curieuses, vous les femmes. Je suis beau ? Je te fais peur ? Je suis fait avec de la mort de la tête aux pieds. Un cadavre t'aime et ne te quittera jamais. Je vais faire agrandir le cercueil. Tu dois rester ici maintenant, car tu me sais horrible. Si tu pars, tu ne reviendras plus.* »

– Assez, crie Raoul, je vais le tuer ! Christine, où est ce lac ?

– Tais-toi, et écoute la suite ! Après cela, il rampe[6] jusqu'à sa chambre. Je reste seule et veux me tuer avec des ciseaux. Mais il joue son *Don Juan*. Sa musique est une longue et magnifique douleur. Érik fuit le regard des hommes. Je vais le voir et lui dis : « *Érik, montrez-moi votre visage. Vous êtes le plus extraordinaire*

---

4   Un cercueil : il contient le corps d'un mort.
5   L'éternité : le temps sans début ni fin.
6   Ramper : avancer le ventre contre le sol.

des hommes. Christine Daaé vous regarde et a peur ? Si elle tremble, c'est devant votre génie. » Il tombe à mes genoux et sa bouche de mort me dit des mots d'amour. Pendant quinze jours, il s'occupe de moi. Il m'emmène d'abord marcher près du lac. Puis nous le traversons et allons nous promener en voiture dans le bois. Quinze jours plus tard, je lui dis : « Je reviendrai ». Il me fait confiance et me laisse partir.

– Vous revenez en effet le voir plus tard.

– Je reviens à cause de ses pleurs. Pauvre Érik ! Mes visites ne le calment pas, elles le rendent fou d'amour. Moi, j'ai de plus en plus peur !

– M'aimez-vous, Christine ?

– Pourquoi me demander cela ? Ô mon fiancé d'un jour, je vous donne mes lèvres pour la première et la dernière fois. Les voici.

Raoul embrasse Christine. Au même instant, ils entendent un cri dans la nuit. Ils quittent le toit et voient un oiseau de nuit aux yeux de feu. Ils se mettent à courir. Soudain, un homme est devant eux et dit :

– Par ici.

Christine entraîne Raoul dans la direction indiquée.

– Qui est-ce ? demande Raoul.

– Le Persan. On ne sait pas ce qu'il fait à l'Opéra, mais il est toujours là.

Ils rejoignent la loge de Christine. Soudain, le visage de Christine devient blanc comme la mort.

– Oh, mon Dieu ! L'anneau ! Il n'est plus à mon doigt ! Érik m'a dit : « *Malheur à vous, si vous enlevez cet anneau.* »

Ils cherchent l'anneau partout, mais ne le trouvent pas. Christine quitte Raoul sans rien dire. Le vicomte rentre chez lui et se couche. Il voit deux yeux brillants au pied de son lit. Il allume une lampe et la lumière fait disparaître les yeux. Mais sont-ils encore là ? Il cherche partout puis se trouve ridicule :

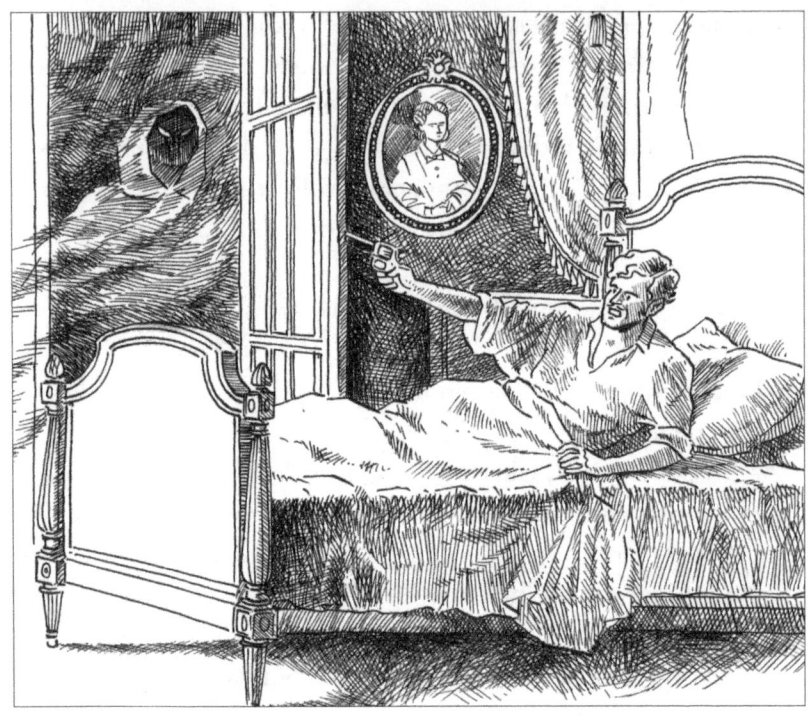

— Où finit le réel, où commence le fantastique ? Ces yeux brillent-ils dans mon imagination ?
Il éteint la lampe et les yeux apparaissent de nouveau.
— Est-ce toi, Érik ? Si c'est lui, il est sur le balcon !
Il attrape un revolver et ouvre la porte-fenêtre. Mais il n'y a personne, il se recouche et voit toujours les yeux. Il tire avec son revolver. Les yeux disparaissent. Le comte Philippe et des domestiques entrent dans la chambre :
— Qu'y a-t-il Raoul ?
— J'ai rêvé et je viens de tirer sur deux étoiles.
— Tu divagues[7] !

---

7 Divaguer : dire des paroles étranges.

Raoul se lève et passe une robe de chambre et des pantoufles[8].
Il attrape une lampe et vérifie la porte-fenêtre. Une balle a traversé la vitre.

— Du sang ! Ici et là encore ! Un fantôme qui saigne, c'est moins dangereux !

— Raoul ! Es-tu devenu fou ? Réveille-toi ! Tu as peut-être tiré sur un chat !

— C'est possible ! Est-ce Érik, un chat, une ombre ou un fantôme ? Avec Érik, on ne sait jamais !

— Qui est Érik ? demande Philippe.

— C'est mon rival[9].

Raoul fait sortir les domestiques et reste seul avec son frère.

— Demain, j'enlèverai Christine Daaé, dit-il à son frère.

Le lendemain, lors du petit-déjeuner, Philippe montre à Raoul un article du journal *L'Époque* :

Une grande nouvelle : il y a une promesse de mariage entre Mlle Christine Daaé, artiste lyrique, et M. le vicomte Raoul de Chagny. On dit que le comte Philippe ne veut pas de ce mariage. Mais comment peut-il l'empêcher ?

— Tu nous rends ridicules, Raoul, dit Philippe d'une voix triste. Cette petite te fait tourner la tête ! Je ne te laisserai pas partir avec elle ce soir.

Toute la journée, Raoul prépare l'enlèvement de Christine.

À neuf heures du soir, une voiture s'arrête devant l'Opéra derrière les voitures de la Carlotta, de la Sorelli et du comte Philippe de Chagny. Une ombre dans un grand manteau noir et avec un chapeau mou s'approche de la voiture puis s'éloigne. Est-ce le vicomte de Chagny ou le fantôme ?

Ce soir, on joue *Faust*. Tout le beau monde est là. Les spectateurs regardent avec curiosité la loge du comte de Chagny. Philippe y est tout seul et on parle de l'absence de son frère. On accueille

---

8 Des pantoufles : chaussures pour l'intérieur.
9 Un rival : Raoul et Érik aiment la même femme.

CHAPITRE 6

Christine Daaé froidement (on ne lui pardonne pas de vouloir épouser un vicomte). Mais elle chante avec toute son âme et la salle lui fait un triomphe. Un homme se lève au centre de la salle. C'est Raoul ! Christine tend les bras et chante :

— Anges purs ! Anges radieux[10] ! Portez mon âme au sein des Cieux[11] !

À ce moment-là, la lumière s'éteint dans la salle. Les spectateurs poussent un cri, mais très vite la lumière revient.

Christine Daaé a disparu de la scène. Les anges viennent-ils d'emporter la chanteuse dans les cieux ? Raoul pousse un cri. Philippe est debout dans sa loge. Les spectateurs regardent l'un puis l'autre. Cet événement a-t-il un rapport avec l'article du matin dans *L'Époque* ? Raoul quitte sa place et Philippe disparaît de sa loge. Puis le rideau se lève et on annonce : « Mesdames, Messieurs, Madame Christine Daaé a disparu sous nos yeux. Et nous ne savons pas comment ! »

---

10 Radieux : merveilleux.
11 Les Cieux : pluriel de « ciel ».

CHAPITRE 7

La drôle d'histoire des directeurs

Les artistes, les machinistes, les danseuses et les figurants parlent de la disparition de Christine Daaé :
— La Carlotta a fait le coup !
— Non, c'est le vicomte de Chagny.
— Non, c'est le fantôme !
Dans un coin, Gabriel, le maître de chant, Mercier, l'administrateur et Rémy, le secrétaire parlent des directeurs. Richard et Moncharmin sont dans leur bureau depuis le dernier acte de *Faust* et ne veulent pas être dérangés.
— Moncharmin m'a ouvert la porte, dit Rémy. Il a crié « *Avez-vous une épingle à nourrice*[1] *?* ». On lui en a apporté une et il a refermé la porte. Ce soir, on ne devait pas les toucher et ils marchaient à reculons[2] !!!
— Moncharmin m'a aussi ouvert la porte, dit Mercier. Il était très pâle. J'ai dit « *On a enlevé Christine Daaé* ». Il a répondu : « *Tant mieux pour elle !* » Il a mis dans ma main une épingle à nourrice et il a refermé la porte. Nos directeurs deviennent fous.
Une voix leur demande :
— Pardon, Messieurs, pouvez-vous me dire où est Christine Daaé ?
C'est le vicomte Raoul de Chagny. La question est étrange et les trois hommes rient. À ce moment-là, un homme arrive. Il

---
1 Épingle à nourrice : elle permet d'attacher facilement deux morceaux de tissu.
2 Marcher à reculons : marcher vers l'arrière.

est calme, il a le visage rose, les cheveux frisés et les yeux bleus. C'est le commissaire de police Mifroid :

— Enchanté de vous voir[3], Monsieur le vicomte de Chagny. Vous voulez bien venir avec moi dans le bureau des directeurs ?

Pour comprendre l'attitude étrange des deux directeurs lors de cette soirée, il faut revenir quelques jours en arrière. Ce matin-là, les directeurs trouvent une lettre sur leur bureau :

Mettez vingt billets de mille francs dans l'enveloppe marquée « À Monsieur F. de l'O. » et remettez-la à Mme Giry. Elle fera le nécessaire.

F. de l'O.

Les directeurs donnent donc l'enveloppe à Mme Giry avec les billets. Ils surveillent ensuite l'ouvreuse avec Mercier et Gabriel. Quand celle-ci dépose l'enveloppe dans la loge du fantôme, les quatre hommes l'observent. Ils attendent, mais personne ne vient. Les deux directeurs reprennent alors l'enveloppe et s'aperçoivent qu'elle contient maintenant de faux billets ! Comment cela est-il possible ?

Moncharmin veut prévenir la police, mais Richard refuse : il ne veut pas être ridicule. Un mois plus tard, le matin de la disparition de Christine Daaé, les directeurs reçoivent une nouvelle lettre signée *F. de l'O.* Une demi-heure avant le début de *Faust*, Richard place les billets dans l'enveloppe et fait venir la mère Giry :

— Bonjour Messieurs, dit Mame Giry. C'est le jour de l'enveloppe ?

— Oui. Mais cette blague a assez duré. Qui est votre complice[4] ?

Mme Giry ne comprend pas. Le fantôme lui donne juste dix francs pour lui porter l'enveloppe.

— Pourquoi vous faites cela pour lui ?

— J'ai trouvé une lettre un jour dans la loge. Elle disait que ma petite Meg allait devenir impératrice.

---

3 Enchanté de vous voir : je suis heureux de vous voir.
4 Un complice : la personne qui fait la blague de l'enveloppe avec elle.

— Vous croyez tout ce qu'il vous dit ?
— Bien sûr ! Ma petite Meg est chef de ballet grâce à lui, car il a donné l'idée à M. Poligny. M. Poligny faisait tout ce que disait le fantôme.
— Ah ! le fantôme est donc un ami de Poligny ! Et comme Mme Giry est une amie de M. Poligny… Vous savez ce qu'il y a dans cette enveloppe ?
— Non ! Je le jure.
Le directeur lui montre les billets et dit :
— La police va vous arrêter !
Mme Giry se jette sur le directeur.
— Pourquoi ?
— Car vous êtes une voleuse !
— Répète !

CHAPITRE 7

Mame Giry donne des gifles à Richard. Moncharmin veut l'arrêter, mais Mme Giry attrape l'enveloppe et gifle le directeur avec. Les billets s'envolent. Les deux directeurs se jettent sur les billets :
— Ils sont toujours vrais, Moncharmin ?
— Ils sont toujours vrais, Richard ?
— Ils sont toujours vrais !!!

Mme Giry se jette aussi sur les billets :
— Ah, je suis une voleuse ? Vous, Monsieur Richard, vous savez mieux que moi où sont les premiers vingt mille francs, car ils étaient dans votre poche !

Moncharmin demande des explications.
— Le fantôme me demande de mettre l'enveloppe dans la poche de M. Richard et de placer dans la loge une autre enveloppe qu'il me donne. Regardez, j'ai d'ailleurs ici une enveloppe préparée pour aujourd'hui.
— Comment faites-vous cela ? demande Richard.
— Cela se passe dans les coulisses[5]. Il y a du monde et vous ne faites pas attention. La dernière fois, c'est le soir où le sous-secrétaire d'État aux Beaux-Arts était là.
— Évidemment ! dit M. Richard. Le fantôme peut ensuite me prendre l'argent dans la poche, car je ne sais pas qu'il y est ! C'est une excellente idée.

Moncharmin soupçonne Richard de garder l'argent pour lui et les deux directeurs se disputent. Richard lui propose alors le plan suivant : 1° Lui, Richard, va faire les mêmes gestes qu'il y a un mois. 2° Moncharmin va surveiller sa poche. Comme cela, ils verront qui prend l'enveloppe dans sa poche !

Voilà pourquoi le soir de la disparition de Christine Daaé, les deux directeurs vont dans les coulisses avant le début de *Faust*. Il laisse Mame Giry mettre l'enveloppe dans la poche de Richard.

---

5 Les coulisses : là où les acteurs se préparent.

Puis, Richard marche à reculons (il a marché comme cela, il y a un mois devant le sous-secrétaire d'État aux Beaux-Arts). Et, quand quelqu'un veut lui dire bonjour, il ne veut pas qu'on le touche (car personne ne l'a touché il y a un mois !).

Mais personne ne prend l'enveloppe dans la poche de Richard. Les deux directeurs se retrouvent donc dans leur bureau. Moncharmin accuse Richard d'être un voleur et Richard accuse Moncharmin d'être un voleur. Moncharmin a alors l'idée d'attacher l'enveloppe au pantalon de Richard avec une épingle à nourrice :

— Comme cela, tu sentiras la main qui prend l'enveloppe.

Les deux directeurs attendent ensuite dans leur bureau jusqu'à minuit. Lorsque le douzième coup sonne, Moncharmin dit :

— Nous pouvons nous en aller maintenant. Je peux regarder dans ta poche ?

Richard sent l'épingle. Mais l'enveloppe n'est plus là !

— Le fantôme... dit Moncharmin.

C'est à ce moment-là que le commissaire Mifroid frappe à leur porte et dit :

— Ouvrez, au nom de la loi !

Les directeurs ouvrent et le commissaire entre. Quand Raoul va franchir la porte, le Persan pose sa main sur son épaule et lui dit :

— Les secrets d'Érik doivent rester secrets.

— Christine Daaé est-elle ici ? demande Mifroid aux directeurs.

— Non, répond Richard. Pourquoi ?

— Elle a disparu en pleine représentation. Elle chantait pour les anges du Ciel et a disparu. Mais un ange n'a pas fait le coup.

— Si, c'est un ange, dit Raoul. Il s'appelle Érik et habite l'Opéra. C'est l'Ange de la musique.

Le commissaire se tourne vers les directeurs. Ils secouent la tête : ils ne connaissent pas cet homme.

— Oh si, dit le vicomte, ils connaissent le fantôme de l'Opéra. Le fantôme et l'Ange, c'est la même chose. Son vrai nom est Érik.

— Vous vous moquez de la police ? dit Mifroid. Et vous Messieurs, vous connaissez ce fantôme ?
— Non ! Mais nous voulons bien le connaître, car, ce soir, il nous a volé vingt mille francs !
« *Ces trois hommes sont fous* », se dit le commissaire.
— Commençons par la chanteuse, nous verrons pour l'argent ensuite. Où avez-vous vu cet Érik, Monsieur de Chagny ?
— Dans un cimetière.
Raoul raconte son voyage à Perros-Guirec, le violon, la tête de mort... On écoute son histoire et on le prend pour un fou. À ce moment-là, un policier entre dans le bureau et parle au commissaire. M. Mifroid dit ensuite à Raoul :
— Votre frère a enlevé Christine Daaé.

— Vous êtes sûr de cela ?
— Il est parti dans sa voiture juste après sa disparition et a pris la route de Bruxelles.
— Oh ! dit Raoul, je vais les rattraper.
Raoul quitte le bureau furieux.
— Ramenez-nous Christine Daaé, crie le commissaire.
Puis, le commissaire se tourne vers les directeurs et dit :
— Je ne sais pas si le comte de Chagny a enlevé Christine Daaé. Mais comme cela, le vicomte travaille pour moi !
À peine sorti du bureau, une ombre arrête Raoul :
— Où allez-vous si vite ?
— C'est encore vous ! Et qui êtes-vous donc ?
— Je suis le Persan. Où courez-vous ?
— Je vais sauver Christine.
— Alors, restez ici. Car Christine est ici avec Érik !
— Comment le savez-vous ?
— Un seul homme au monde peut réussir cet enlèvement.
— Vous connaissez donc Érik ?
— Je peux vous conduire auprès de lui. Ne dites pas son nom. Appelons-le « *Il* » pour ne pas attirer son attention.
— Il est près de nous ?
— C'est possible.

Le Persan conduit Raoul dans des endroits cachés de l'Opéra. Les deux hommes montent et descendent plusieurs escaliers. Puis le Persan ouvre une petite porte. Ils se retrouvent dans un couloir qui mène jusqu'à la loge de Christine.
— Vous connaissez bien l'Opéra.
— Moins que *lui* !

Ils entrent dans la loge de Christine. Là, le Persan montre deux pistolets[6] à Raoul.
— Vous voulez vous battre en duel ? demande Raoul.

---

6   Un pistolet : une arme à feu.

CHAPITRE 7

— Nous allons nous battre en duel contre le plus terrible des adversaires, mais à deux contre un.

— Moi, j'aime Christine, mais vous, pourquoi voulez-vous vous battre ? Vous haïssez[7] Érik ?

— Non. Il m'a fait du mal, mais je lui ai pardonné.

Raoul retrouve chez le Persan la pitié[8] de Christine pour Érik. Le Persan appuie avec le doigt sur le mur.

— Dans une demi-minute, nous serons sur son chemin.

Ils se placent tous les deux devant la glace. Le Persan appuie contre le miroir pendant un long moment. Tout à coup, la glace tourne sur elle-même et entraîne Raoul et le Persan. Les deux hommes passent de la lumière à l'obscurité.

---

7 Haïr : détester.
8 La pitié : Christine et le Persan sont malheureux pour Érik.

CHAPITRE 8

À LA POURSUITE DU FANTÔME

Gardez votre main devant votre visage et soyez prêt à tirer, dit le Persan à Raoul.

Le Persan attrape une lanterne. Il ouvre ensuite une trappe dans le plancher.

— Suivez-moi !

Le Persan tient son pistolet entre les dents puis se laisse glisser à travers la trappe. Raoul le suit et tombe dans ses bras. Aussitôt, Raoul entend la voix du commissaire Mifroid. Le policier est proche, mais il ne peut pas les voir. D'où il est, Raoul aperçoit trois corps sur un escalier.

— *Lui*, dit simplement le Persan.

La voix du commissaire devient plus forte. Il pose des questions sur l'éclairage de l'Opéra. Puis, Mifroid découvre l'un des corps :

— C'est Mauclair, dit le régisseur, le chef des éclairages. Il est mort.

— Il est plutôt ivre mort[1]. Ou bien on lui a fait prendre un narcotique[2]. Et là, deux autres corps !

— Ce sont ses aides, dit le régisseur.

— Ils dorment profondément, dit Mifroid. C'est une affaire très curieuse. Enlever une artiste en scène est très difficile à faire. Qu'en pensez-vous, Messieurs ?

Raoul et le Persan entendent alors la voix de Moncharmin :

---

1 Ivre mort : il dort car il a trop bu.
2 Un narcotique : un médicament qui fait dormir.

CHAPITRE 8

— Nous ne comprenons pas ce qui se passe ici.
— Merci de votre aide…, dit Mifroid.

Le policier, le régisseur et les directeurs repartent avec les corps. Raoul et le Persan continuent leur descente dans les sous-sols. Quand ils arrivent au troisième sous-sol, une voix retentit :

— Tous les machinistes doivent venir sur la scène, le commissaire veut les voir.

Le Persan attire Raoul dans une cachette. Des hommes passent près d'eux.

— Ils ne doivent pas nous trouver, partons ! Et restez prêt à tirer.
— Mais je fatigue…
— Vous pouvez mettre le pistolet dans votre poche. Mais gardez toujours la main devant votre visage. C'est une question de vie ou de mort. Maintenant, taisez-vous et suivez-moi.

Ils arrivent au cinquième sous-sol.

— Couchez-vous, crie le Persan.

Une ombre passe près d'eux. Elle porte un long manteau et un chapeau mou. Elle donne des coups de pied dans les murs.

— C'est *Lui* ? demande Raoul.
— Non.

Il veut ajouter quelque chose, mais une figure fantastique apparaît soudain devant eux. C'est un visage en feu qui n'a pas de corps.

— C'est la première fois que je la vois, dit le Persan. Ce n'est pas *Lui* mais il l'envoie peut-être. Attention, *Lui* peut arriver par-derrière. Gardez votre main à la hauteur de votre œil.

Ils se mettent à courir, mais la tête les suit. Ils arrivent devant un mur et ne peuvent plus avancer. Ils entendent alors des milliers de petits pas avancer dans leur direction. Le bruit est terrible. La tête s'approche et leur parle :

— Ne bougez pas, ne me suivez pas, je suis le tueur de rats, laissez-moi passer avec mes rats.

Puis la tête disparaît. Raoul et le Persan soufflent[3].
— Érik m'a parlé de lui, mais je ne m'en souvenais pas.
— Nous sommes encore loin du lac ? demande Raoul.
— Nous ne pouvons pas entrer chez lui par le lac. La Voix de la sirène[4] est trop dangereuse.
— Mais comment peut-on sauver Christine ?
— Nous allons passer par un passage près du décor du *Roi de Lahore*, là où est mort Joseph Buquet. Nous y étions tout à l'heure avant de devoir fuir.

Ils remontent au troisième sous-sol. Le Persan appuie sur le mur près du décor du *Roi de Lahore*. Une pierre bouge et un trou apparaît dans le mur.

---

3   Souffler : ils ont eu peur mais maintenant, le danger est passé.
4   Une sirène : un personnage mi-femme mi-poisson.

— Il faut nous laisser tomber de quelques mètres, dit le Persan. Je vais passer en premier.

Raoul se jette après le Persan et celui-ci l'attrape. Au-dessus d'eux, le mur se referme tout seul. Le Persan trouve une corde sur le sol :

— *Le fil du Pendjab* ! dit le Persan. On a étranglé[5] M. Buquet avec.

Raoul remarque un arbre qui monte jusqu'au plafond. Puis il passe la main sur les murs.

— Ce sont des glaces ! dit-il.

— Nous sommes dans la chambre des supplices[6], dit le Persan.

* *

*

Après la fin de cette histoire, le Persan enverra aux journaux une lettre pour raconter les événements. Voilà ce qu'il expliquera :

J'ai connu Érik en Perse il y a longtemps. Quand je le retrouve à l'Opéra de Paris, je me mets à le surveiller. Un jour, je veux traverser le lac pour entrer chez lui. Mais la voix d'une sirène m'attire. Je me penche à l'extérieur de la barque et deux bras monstrueux m'attrapent. Ils me retiennent sous l'eau et je crois mourir. Mais c'est Érik et il me conduit sur la rive.

— Pourquoi veux-tu entrer chez moi ? Je ne veux voir personne !

— Tu m'as promis de ne plus tuer des gens !

— Je n'ai rien fait de mal.

— Et le lustre ?

— Ce n'est pas moi, cher daroga[7]. Ce lustre était très vieux, il est tombé tout seul. Maintenant, pars et ne reviens jamais. Les secrets d'Érik doivent rester les secrets d'Érik. Tant pis pour le monde si on les découvre !

---

5 Étranglé : serré la gorge.
6 Un supplice : une torture, une grande souffrance.
7 Daroga : un policier en Perse.

Depuis ce jour, j'ai peur pour les autres et je surveille sa relation avec Christine Daaé. Érik est laid. Il ne peut pas être avec les autres humains car sa voix ne fait pas oublier son visage. Bien sûr, une très belle personne a le droit d'aimer le plus horrible monstre. Mais Christine Daaé est amoureuse du vicomte de Chagny. Elle ne pense à Érik que par peur. Si Érik l'apprend, il peut faire les pires choses. C'est pourquoi je dois la sauver. Je suis même prêt à tuer Érik pour cela.

Le vicomte et moi cherchons donc Érik dans sa maison des sous-sols. Mais que pouvons-nous contre un grand prestidigitateur[8] ? Sa science et son imagination lui donnent des forces extraordinaires. En plus, c'est le roi du *fil du Pendjab*. Cet art permet d'étrangler un adversaire avec un mince fil. Mais je connais une parade[9] : garder sa main à hauteur des yeux. Ainsi, le fil s'enroule autour de la main et on peut l'enlever facilement.

Chez nous, on appelle Érik l'*amateur de trappes*. Il a transformé de nombreux châteaux avec ses trappes et ses inventions. La chambre des supplices[10] est son invention la plus horrible. Il y a toujours un fil du Penjab par terre dans cette chambre pour se suicider[11].

Le vicomte et moi sommes donc dans la chambre des supplices. Nous ne pouvons pas voir de sortie de ce côté des glaces.

Tout à coup, nous entendons le bruit d'une porte qui s'ouvre et se ferme. Puis, la voix d'Érik :

— C'est à prendre ou à laisser : *la messe de mariage* ou *la messe des morts*.

Je tiens le bras du vicomte devant sa bouche, il ne doit pas réagir et appeler Christine Daaé. Le monstre ne doit pas connaître notre présence.

— Maintenant, dit Érik, je veux vivre comme les autres humains.

---

8 Un prestidigitateur : un magicien.
9 Une parade : une action qui empêche le fil d'étrangler la personne.
10 Un supplice : une action douloureuse.
11 Se suicider : se tuer soi-même.

CHAPITRE 8

Je veux avoir une femme comme tout le monde. J'ai inventé un masque qui me fait une figure normale. Tu seras la plus heureuse des femmes. Nous chanterons ensemble. Tu pleures ? Mais je ne suis pas méchant. Aime-moi et tu le comprendras. Pourquoi pleures-tu ? Tu ne m'aimes pas !

Nous entendons alors une sonnerie.

— Qui vient encore nous déranger ? Attends-moi un peu. Je vais demander à la sirène d'ouvrir !

Christine doit maintenant être seule dans la pièce.

— Christine ! crie le vicomte.

— Je rêve, dit-elle.

— Ce n'est pas un rêve, nous sommes là pour vous sauver.

— Raoul !

Christine a très peur.

— J'ai jusqu'à demain onze heures du soir pour accepter d'être sa femme. Ce sera la messe des morts ou la messe de mariage. « *Et si non, tout le monde est mort et enterré !* » a-t-il dit.

Christine voit la porte vers la chambre des supplices. Elle est fermée et la clef est dans un sac en cuir dans la chambre d'Érik. Mais Christine ne peut pas aller la chercher.

— Je suis attachée car j'ai essayé de me tuer. Chut ! Il revient.

Nous entendons des pas puis :

— Mes habits sont tout mouillés, je suis désolé. C'est la faute de l'*autre*. Mais la sirène lui a ouvert. Pourquoi as-tu crié ?

— Je souffre, Érik. Délivrez mes mains.

Érik hésite puis accepte :

— D'accord. Mon Dieu, tes poignets ! Je leur ai fait mal ! Je mérite la mort ! À propos de mort, je dois chanter la *messe des morts* pour le malheureux qui a sonné.

Quel malheureux la sirène a-t-elle tué ? On entend alors un chant sublime dans toute la maison. Puis la voix et l'orgue s'arrêtent d'un coup :

— Qu'est-ce que tu as fait de mon sac ? Tu voulais être libre pour me prendre mon sac ?

Nous entendons les pas de Christine qui s'approche du mur de la chambre.

— Si nous devons vivre ensemble, Érik, ce qui vous appartient m'appartient.

— Que veux-tu faire avec ces clefs ?

— Je veux visiter cette chambre dont vous cachez l'entrée.

— Je n'aime pas les femmes curieuses. Rendez-moi ce sac !

Christine crie de douleur. À ce moment-là, le vicomte hurle, car il ne peut pas aider Christine.

— Qu'est-ce que c'est que ça ? dit Érik. Tu entends, Christine ?

— Non ! Vous devenez fou.

— Il y a quelqu'un dans la chambre des supplices ! Ah, je comprends maintenant. C'est ton fiancé, peut-être ?

— Je n'ai pas de fiancé.

— Nous n'avons pas besoin d'ouvrir la porte pour vérifier. J'allume la chambre...

Une lumière forte nous éclaire. Le vicomte tombe par terre.

— Tu peux regarder la chambre des supplices par la petite fenêtre du haut.

— Quels supplices ?

— Allez voir, ma chérie ! Montez !

Nous entendons une échelle rouler.

— Il n'y a personne, dit Christine. Mais c'est très beau. Vous êtes un grand artiste. Mais pourquoi appelez-vous cela la chambre des supplices ?

— Vous avez vu quoi ?

— Une forêt, avec des arbres, et des branches...

— Et dans les branches, il y a un gibet[12] ! Voilà pourquoi cela s'appelle la chambre des supplices. Mais j'en ai assez. Je veux

---

12 Un gibet : on suspend une corde à un gibet pour pendre quelqu'un.

un appartement et une vie tranquille comme tout le monde. Tu m'aimes ? Tu vas t'habituer à moi et m'aimer.

Érik se met à parler avec son ventre, car il est ventriloque. Il fait parler une chaise, un mur, son sac…

— Vous me fatiguez avec votre voix. Il fait très chaud ici. Le mur est brûlant.

Christine comprend que la lumière fait partie des supplices et supplie Érik de l'éteindre. Mais Érik rit. Je ne peux plus retenir le vicomte qui frappe contre les murs. Nous entendons alors des bruits de lutte puis d'un corps qui tombe et qu'on traîne sur le sol. Tout devient ensuite silencieux.

Le vicomte et moi nous retrouvons au cœur d'une forêt d'Afrique !

CHAPITRE 9

LE SCORPION OU LA SAUTERELLE ?

Le récit du Persan continue ainsi :
  Le vicomte et moi sommes dans la chambre des supplices. Les miroirs reflètent les images de l'arbre et créent l'illusion d'une forêt. Les yeux du vicomte ont du mal à voir la réalité des choses.
  Il y a des marques sur les miroirs : Joseph Buquet est sans doute mort dans cette pièce. Il s'est pendu à l'arbre pour arrêter les supplices. Mais je connais les trucs d'Érik et je peux trouver une sortie. Mais où est cette porte ? La chaleur fait tourner la tête du vicomte. Il croit se promener dans une forêt et se tape contre les glaces.
  — Nous sommes dans une petite chambre. Nous devons trouver la porte ! Allongez-vous et laissez-moi la chercher.
  Le vicomte s'allonge et me dit que la vue est magnifique depuis le sol. Je cherche sur chaque glace un mécanisme. Au bout de trois glaces et d'une demi-heure, le vicomte me dit :
  — Je n'arrive plus à respirer. Allez-vous bientôt trouver quelque chose ? Nous ne sortirons jamais de cette forêt et allons mourir avant Christine. La messe des morts sera aussi pour nous.
  Je me trompe de glace et recommence plusieurs fois à chercher sur la même. Le vicomte devient fou : il cherche Christine dans cette forêt et croit la voir derrière un arbre. Plus tard, la nuit tombe, mais il fait toujours aussi chaud. Soudain, un lion rugit[1].
  — Vous le voyez ? me demande le vicomte.
  Le lion rugit de nouveau. Le vicomte tire et casse une glace.

---

1 Rugir : crier pour un lion.

Le lendemain matin, nous nous retrouvons au bord d'un désert. Je suis étonné : parfois, on entend aussi un léopard ou une mouche tsé-tsé. Je sais comment Érik fait leurs bruits.

Nous commençons à mourir de faim, de soif et de chaleur. Le vicomte se lève et me montre une oasis[2]. Je connais ce mirage, je sais que cela n'existe pas. Je préviens le vicomte, mais il se traîne et crie :

— De l'eau, de l'eau.

Nous avançons vers la glace et la léchons : elle est brûlante ! Nous roulons par terre. Nous sommes désespérés.

— Adieu, Christine, dit le vicomte.

Nous nous avançons vers l'arbre du suicide, mais à ce moment-là, je vois un clou noir : enfin, j'ai trouvé ! J'appuie sur le clou et une trappe s'ouvre dans le plancher. De l'air frais envahit la pièce. Je sens les marches d'un escalier sous mes doigts. J'allume ma lanterne et nous descendons. Nous arrivons dans la cave d'Érik et trouvons des tonneaux[3]. Enfin, nous allons pouvoir boire. J'ouvre un tonneau avec mon couteau.

— Ce n'est pas de l'eau ! C'est de la poudre !

Nous comprenons alors la phrase d'Érik « *Et si non, tout le monde est mort et enterré !* ». Si Christine ne veut pas l'épouser, il fera sauter l'Opéra demain à onze heures du soir pendant une représentation.

Mais quelle heure est-il ? « Demain à onze heures » est peut-être aujourd'hui, ou tout de suite ? J'ai l'impression d'être depuis des jours dans cet enfer. M. de Chagny et moi remontons l'escalier. La trappe est ouverte, mais la pièce est maintenant noire. Nous essayons de deviner l'heure. Le vicomte appelle Christine, j'appelle Érik.

Tout à coup, j'entends des pas de l'autre côté des glaces. Puis, la voix de Christine appelle Raoul. Christine nous apprend que le monstre vient juste de sortir. Il la laisse réfléchir une dernière fois à sa proposition de mariage.

---

2 Une oasis : un lieu avec des plantes et de l'eau dans un désert.
3 Un tonneau : un récipient en bois qui contient du vin.

– Quelle heure est-il ?
– Onze heures moins cinq minutes.
– Quelles onze heures ?
– Celles qui doivent décider de la vie ou de la mort. Je dois lui donner ma réponse grâce à deux animaux en bronze dans un coffret. Si c'est oui, je dois tourner un scorpion. Si c'est non, je dois tourner une sauterelle[4]. Érik m'a dit : « Attention à la sauterelle, une sauterelle tourne, mais elle peut aussi sauter ! »

Nous comprenons que la sauterelle fera exploser les tonneaux de poudre.

– Il faut tourner le scorpion tout de suite, lui dit le vicomte. Va, ma femme adorée.

Il y a ensuite un silence, puis je crie :
– Christine, où êtes-vous ?
– Près du scorpion.

---

4 Un scorpion et une sauterelle : des insectes.

CHAPITRE 9

— N'y touchez pas !

Je connais Érik. Il a encore trompé Christine, il lui indique la sauterelle, car le scorpion va tout faire sauter.

— Je l'entends, dit Christine, il revient !

Nous entendons ses pas.

— Érik, c'est moi ! dis-je. Me reconnais-tu ?

— Vous n'êtes pas encore morts là-dedans ? Eh bien, tenez-vous tranquille ! Plus un mot, daroga, ou je fais tout sauter. Mais l'honneur doit revenir à mademoiselle. Elle a encore le choix : si on tourne la sauterelle, tout saute. Si on tourne le scorpion, on noie[5] la poudre sous l'eau. Vous allez faire le cadeau de la vie à quelques centaines de Parisiens. Ils écoutent en ce moment un pauvre chef-d'œuvre de Meyerbeer. Vous allez tourner le scorpion et nous nous marierons !

Un silence puis il ajoute :

— Si dans deux minutes vous n'avez pas tourné le scorpion, je tourne la sauterelle.

Le silence est terrible. M. de Chagny est à genoux et prie.

— Les deux minutes sont passées ! Adieu, Mademoiselle, saute sauterelle !

— Érik, dit Christine, me jures-tu que je dois tourner le scorpion ?

— Oui, mais en voilà assez. Tu ne veux pas du scorpion ? À moi, la sauterelle.

— Érik ! J'ai tourné le scorpion.

Nous entendons alors le bruit de l'eau. Elle monte de la cave. Nous la buvons, mais, bientôt, il y a de l'eau partout dans la pièce.

— Érik, il y a assez d'eau, ferme le scorpion !

— Christine, l'eau monte jusqu'à nos genoux !

Mais ni Érik ni Christine ne répondent. Nous sommes seuls, dans le noir, avec l'eau qui monte. Est-ce que nous allons mourir ici ? J'essaie de m'accrocher aux murs, mais... glou, glou... Érik ! Christine ! glou, glou, glou !

---

5 Noyer : mettre sous l'eau.

ÉPILOGUE

Le récit du Persan s'arrête là. Il m'a raconté la suite lors de ma visite chez lui, rue de Rivoli. La voici :

Plus tard, le Persan se réveille sur un lit de la chambre d'Érik. M. de Chagny est couché sur un canapé. Érik lui dit des choses dont il ne se souvient plus. Christine lui apporte parfois un thé, mais elle ne dit rien. Quand Érik quitte la pièce, il essaye d'appeler Christine, mais il est trop faible. Elle pose parfois la main sur son front. Elle ne regarde même pas M. de Chagny et reste longtemps assise près de la cheminée. Puis, Érik lui fait boire une potion et dit :

— Je vais vous reconduire dehors pour faire plaisir à ma femme.

Le Persan s'endort et se réveille chez lui. Son serviteur, Darius, l'a trouvé la veille contre la porte de son appartement. Quelques jours plus tard, le Persan apprend que le vicomte Raoul a disparu et que le comte Philippe est mort. On a trouvé le corps de ce dernier près du lac de l'Opéra. Le Persan se souvient de la messe des morts dans les sous-sols et est sûr d'une chose : Érik a tué le comte Philippe.

Le Persan va alors tout raconter à M. le juge Faure. Mais celui-ci est un homme terre à terre et il le prend pour un fou. C'est pourquoi le Persan écrit une lettre aux journaux pour tout expliquer.

Un jour, on sonne à sa porte. Darius fait entrer le visiteur dans son salon : c'est le Fantôme, c'est Érik. Il est très faible et se tient au mur.

— Assassin du comte Philippe, lui dit le Persan, qu'as-tu fait du vicomte et de Christine Daaé ?

ÉPILOGUE

Érik tombe puis se traîne[1] jusqu'à un fauteuil.
— Ne me parle pas du comte Philippe. C'était un accident. Il est tombé dans le lac et était mort quand je suis sorti de la maison.
— Tu mens !
— Je viens ici pour te dire que je vais mourir…
— Où sont Raoul de Chagny et Christine Daaé ?
— …mourir d'amour. Je l'aime encore. Elle était si belle quand je l'ai embrassée…
— Est-elle vivante ou morte ?
— Elle doit être vivante, je pense. Elle le mérite. Elle t'a sauvé, toi et son petit fiancé. Elle a tourné le scorpion, j'étais donc son fiancé. Elle n'avait pas besoin de deux fiancés. Mais elle m'a juré de rester ma femme et j'ai donc arrêté l'eau.
— Et le vicomte de Chagny ?
— Je l'ai enfermé dans la partie la plus déserte des sous-sols de l'Opéra. Là où personne ne va jamais. Et je suis revenu voir Christine.

À ce moment de son récit, Érik se lève. Le Persan se lève aussi.
— Elle m'attendait. Elle m'a, je crois, tendu son front. Je l'ai embrassé et elle n'est pas partie. Tu entends ? C'était la première femme. Je ne pouvais pas embrasser ma mère, elle refusait et me jetait mon masque. Mais là, quel bonheur ! J'ai pleuré et je suis tombé à genoux devant elle. Toi aussi tu pleures maintenant. J'ai arraché mon masque. Elle est restée et nous avons pleuré ensemble. Alors, je lui ai donné l'anneau en or. J'ai dit : « *C'est mon cadeau pour toi et pour lui, pour les noces. Tu l'aimes et tu as pleuré avec moi, alors tu peux te marier avec lui* ». Elle m'a dit : « Pauvre malheureux Érik. ».

Érik est si ému qu'il doit retirer son masque. Le Persan ne le regarde pas.
— J'ai alors délivré le jeune homme et je l'ai amené à Christine.

---

1 Se traîner : avancer difficilement.

Ils se sont embrassés devant moi. Elle m'a juré de revenir une nuit quand je serai mort pour m'enterrer. Elle m'a ensuite embrassé sur le front et ils sont partis ensemble pour « la gare du Nord du Monde ». Ils veulent cacher leur bonheur loin du monde. Elle ne pleurait plus. Moi seul, je pleurais. Quand je sentirai la fin venir, je t'enverrai toutes les lettres et les objets de Christine. Tu pourras alors annoncer ma mort dans le journal *L'Époque* pour prévenir Christine.

Le Persan reconduit Érik jusqu'à sa porte et une voiture l'emporte à l'Opéra.

Trois semaines plus tard, le journal *L'Époque* annonce : ÉRIK EST MORT.

Le Persan m'explique alors qu'Érik est le fils d'un entrepreneur de maçonnerie² près de Rouen. Il a quitté tôt la maison familiale, car ses parents détestaient sa laideur. Il s'exhibe³ et fait le ventriloque dans des foires dans toute l'Europe. Puis la sultane favorite du sha-en-sha⁴ du Palais de Mazenderan entend parler de lui et le fait venir. Là-bas, il fait le bien et le mal. Il fait des horreurs, tue des gens et fabrique des machines pour faire la guerre. Mais il construit aussi un palais plein de trappes et de passages secrets pour le sha-en-sha. Celui-ci veut le tuer pour être le seul à connaître les secrets de son palais. Mais le daroga chargé de le tuer lui laisse la vie. Le daroga se réfugie à Paris et Érik part travailler pour le sultan de Constantinople. Mais il veut avoir une vie normale et construire des maisons ordinaires pour tout le monde. C'est pourquoi il fait des propositions pour les sous-sols de l'Opéra de Paris. Il en profite pour se construire une maison sous l'Opéra. On connaît la suite de l'histoire.

Faut-il plaindre Érik ou le maudire ? Il voulait juste être comme tout le monde. J'ai prié sur son squelette. Pourquoi Dieu a-t-il fait un homme aussi laid que cela ? Pour moi, il faut garder son squelette dans les archives de l'Académie nationale de musique. Car ce n'est pas un squelette ordinaire.

---

2   Un entrepreneur de maçonnerie : il construit des maisons.
3   Il s'exhibe : il montre sa laideur.
4   Un sha-en-sha : un roi en Perse.

Activités

CHAPITRE 1

1 Lisez le chapitre. Avez-vous bien compris ? Cochez la bonne réponse.

1. L'histoire commence :
   - ☐ a. au bord de la mer.
   - ☐ b. dans un château hanté par un fantôme.
   - ☐ c. à l'Opéra de Paris.
2. Depuis quelques mois, tout le monde parle :
   - ☐ a. de la Sorelli, une jeune chanteuse.
   - ☐ b. d'un fantôme.
   - ☐ c. des nouveaux directeurs.
3. Ce soir-là, Christine Daaé :
   - ☐ a. meurt dans le troisième sous-sol.
   - ☐ b. fête son départ de l'Opéra.
   - ☐ c. fait un triomphe.
4. Le comte Raoul de Chagny :
   - ☐ a. a déjà rencontré Christine.
   - ☐ b. ne connaît pas Christine Daaé.
   - ☐ c. déteste Christine Daaé.
5. Christine Daaé :
   - ☐ a. invite Raoul à dîner.
   - ☐ b. veut rester seule dans sa loge.
   - ☐ c. chante avec Raoul un air de leur enfance.
6. Sur le brancard, les ouvriers portent le corps :
   - ☐ a. d'une inconnue.
   - ☐ b. du fantôme.
   - ☐ c. de Joseph Buquet.
7. À la fin du chapitre, Raoul :
   - ☐ a. sort de l'Opéra.
   - ☐ b. va voir Christine dans sa loge.

2 🔊 Piste 1 → **Écoutez le chapitre. Complétez la grille avec des mots du chapitre et retrouvez le mot qui se cache verticalement.**

1. La .... de Raoul de Chagny est l'une des plus vieilles de France.
2. Christine Daaé a chanté des passages de l'............... Roméo et Juliette.
3. Jammes, la petite Giry et la Sorelli sont des ....
4. Les danseuses pensent que le fantôme a plusieurs ....
5. Raoul part bientôt dans les glaces du ... .
6. Raoul est allé chercher l'écharpe de Christine dans la ....
7. Ce soir, c'est la dernière soirée de gala des .... de l'Opéra.

Mot mystère : ....

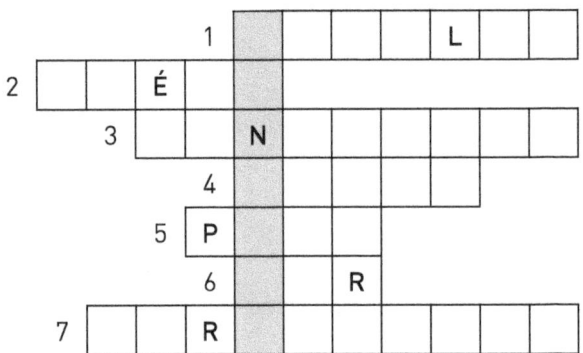

3 **Complétez les phrases exclamatives avec :**
quel, quels, quelle ou quelles.

1. .... belle soirée !
2. .... triomphe !
3. Ces chanteuses, ... belles voix !
4. Ah, ... beaux spectacles !
5. Les de Chagny, ... grande famille !
6. L'Opéra, ... beau bâtiment !

4 Pourquoi Raoul est étonné de trouver la loge vide ?

....

....

5 Êtes-vous déjà allé à l'opéra ou voudriez-vous y aller ? Pourquoi ?

....

....

CHAPITRE 2

1 Piste 2 → **Écoutez le chapitre. Vrai ou faux ? Cochez la bonne réponse. Justifiez lorsque vous pensez que c'est faux.**

	Vrai	Faux
1. Les nouveaux directeurs ne croient pas à cette histoire de fantôme.	☐	☐
2. Le fantôme veut 20 000 francs par jour et la loge n°1.	☐	☐
3. Dans une lettre, le fantôme dit que Christine Daaé chante mal.	☐	☐
4. Les nouveaux directeurs pensent que les anciens directeurs écrivent les lettres.	☐	☐
5. Madame Giry est une danseuse, comme sa fille.	☐	☐
6. Madame Giry n'a jamais vu le fantôme, mais elle l'entend.	☐	☐
7. Les nouveaux directeurs veulent renvoyer Madame Giry.	☐	☐

Justification :

....

....

....

2 **Lisez le chapitre. Classez les phrases dans l'ordre de l'histoire.**

a. Les nouveaux directeurs ont la même idée : aller voir la loge n°5.
b. Les directeurs interrogent l'inspecteur sur un incident durant le spectacle.
c. Les anciens directeurs entraînent les nouveaux dans leur bureau.
d. Richard et Moncharmin reçoivent la même lettre du fantôme.
e. Madame Giry explique ce qu'elle sait du fantôme.
f. Les anciens directeurs expliquent aux nouveaux ce que veut le fantôme.
g. La petite Jammes montre du doigt un visage et crie : « Le fantôme de l'Opéra ! ».

1	2	3	4	5	6	7
………	………	………	………	………	………	………

3 **Utiliser la forme « Il faut + infinitif » pour exprimer une obligation.**

1. Pour arrêter le fantôme, ……………… (changer les serrures).
2. Raoul l'a entendu dire : « ……………… » (m'aimer).
3. ……………… (laisser tranquille) le fantôme ? (forme interrogative)
4. Les directeurs ont la même idée : ……………… (aller faire un tour) dans la loge n°5.
5. ……………… (ne pas mentir) sur les actes du fantôme.
6. ……………… (voir cet opéra), il est magnifique.

4 **Pourquoi les anciens directeurs ne veulent pas aller dans la loge n°5 ?**

………………………………………………………………………………
………………………………………………………………………………

5 **Vous êtes un des nouveaux directeurs ? Que faites-vous après avoir lu les lettres du fantôme ?**

………………………………………………………………………………
………………………………………………………………………………

CHAPITRE 3

1 **Lisez le chapitre. Avez-vous bien compris ? Cochez la bonne réponse.**

1. Raoul reçoit une lettre de Christine et ...
☐ a. il la jette à la poubelle et l'oublie.
☐ b. il part retrouver Christine à Perros.

2. Enfant, Christine habite en ...
☐ a. Italie.
☐ b. Suède.

3. Le père de Christine lui raconte des histoires avec ...
☐ a. l'Ange de la musique.
☐ b. le fantôme de la musique.

4. Raoul suit Christine jusqu'...
☐ a. à l'opéra de Perros.
☐ b. au cimetière de Perros.

5. Quand l'ombre se retourne, Raoul voit...
☐ a. une tête de mort avec des yeux de feu.
☐ b. son frère déguisé en diable.

2 Piste 3 → **Écoutez le chapitre. Mettez les lettres dans l'ordre et retrouvez les mots du texte.**

1. N E C I I S M U
Le père de Christine est un très grand ....

2. E S T I S R A T
Pendant ses études de musique, on dit à Christine qu'elle sera une grande ....

3. O L N I V O
Raoul entend un air de .... dans le cimetière.

4. C H A M B R E
Raoul se réveille le matin dans sa ....

5. I G S E L E
Raoul poursuit l'ombre dans l' ....

3 **Complétez les phrases avec le bon adjectif indéfini.**

tout, tous, toute, toutes.

1. Enfants, Raoul et Christine se voient .... les jours.
2. Christine et son père jouent dans .... les fêtes.
3. Valérius et sa femme s'occupent de .... l'éducation de Christine.
4. .... les histoires de l'Ange intéressent Christine.
5. Christine fait .... le tour du cimetière.

4 **Pourquoi Raoul a-t-il peur quand il entend un violon ?**

....

5 **À la place de Raoul, courez-vous après l'ombre ou bien vous enfuyez-vous ?**

....
....

CHAPITRE 4

1 **Lisez le chapitre. Complétez les phrases puis la grille avec des mots du chapitre.**

1. Il y a une écurie à l'Opéra car il y a parfois des .... dans les spectacles.
2. Après ses couacs lors d'un spectacle, la Carlotta tombe ....
3. La Carlotta reçoit une lettre sans signature : c'est une lettre ....
4. Christine se promène avec un mystérieux ....
5. Pendant l' ...., les directeurs quittent leur loge.
6. Christine donne rendez-vous à Raoul au bal, à ....
7. D'après l'enquête, la chute du lustre est un ....

2 🎧 Piste 4 → **Écoutez le chapitre. Trouvez quel personnage prononce ou écrit ces phrases.**

1. On se moque de nous ! → ....
2. Couac. → ....
3. Elle est avec son bon génie. → ....
4. Elle chante ce soir à décrocher le lustre. → ....
5. Madame, où est Christine ? → ....
6. Mon ami, soyez demain au bal masqué. → ....

3 **Conjuguez le verbe au futur proche (aller + infinitif).**

1. Madame Giry .... (déposer) plainte.
2. Philippe et Raoul .... (dîner) ensemble.
3. Nous .... (assister) au bal de l'Opéra demain.
4. Christine et Raoul .... (se rencontrer) à minuit.
5. Vous .... (ne plus venir) dans ma loge.
6. La Carlotta .... (avoir) un problème avec sa voix ce soir.

4 Pourquoi les directeurs sont-ils tristes après l'accident du lustre ?

....

....

....

5 Inventez d'autres titres de journaux après le terrible accident du lustre.

....

....

....

CHAPITRE 5

1 Piste 5 → **Écoutez le chapitre et répondez aux questions.**

1. Quels sont les déguisements de Christine et Raoul ?

....

2. Que se passe-t-il dans la loge de Christine à deux heures du matin ?

....

3. Où Raoul retrouve Christine le lendemain du bal ?

....

4. Christine accepte-t-elle de dire qui est Érik ?

....

5. Que propose Christine à Raoul avant son départ au pôle ?

....

6. Les deux amoureux vont-ils se promener dans les rues de Paris ?

....

7. Qui suit Raoul et Christine ?

....

2 Lisez le chapitre. Associez le début et la fin des phrases.

1. Raoul reconnaît la tête de mort, ...
2. Christine entre dans sa loge et murmure...
3. Les deux Christine s'approchent puis ...
4. Tout ce qui est sous la terre...
5. Elle regarde derrière elle, ...

a. ...mais elle ne voit pas l'ombre qui les suit.
b. ...lui appartient.
c. ...« Pauvre Érik ».
d. ...ne sont plus qu'une personne.
e. ...c'est celle du cimetière de Perros.

1	2	3	4	5
...	...	...	...	...

3 Transformez les phrases à la forme négative.

1. Crois-le, maman. → ...
2. Restez avec nous. → ...
3. Fiançons-nous. → ...
4. Taisez-vous. → ...
5. Venez. → ...
6. Allons nous promener. → ...

4 Pourquoi Raoul accepte-t-il de se fiancer juste pour un mois ?

....
....

5 Aimez-vous les fêtes déguisées ? Pourquoi ? Avez-vous un déguisement préféré?

....
....

CHAPITRE 6

1 Lisez le chapitre. Vrai ou faux ? Cochez la bonne réponse. Justifiez lorsque vous pensez que c'est faux.

	Vrai	Faux
1. Christine et Raoul parlent dans les sous-sols de l'Opéra.	☐	☐
2. Quand elle a entendu la Voix, Christine a pensé à l'Ange de la musique.	☐	☐
3. La Voix est jalouse de l'amour de Christine pour Raoul.	☐	☐
4. La voix, l'Ange, le fantôme et Érik ne sont qu'une seule personne.	☐	☐
5. Le fantôme a retenu Christine dans les sous-sols et elle s'est enfuie.	☐	☐
6. Le journal annonce le mariage de Christine Daaé avec Érik.	☐	☐

Justification :

....

....

....

2 Piste 6 → Écoutez le chapitre. Trouvez les phrases qui ne font pas partie du récit de Christine.
1. Je peux partir, mais il se met à chanter et je reste.
2. Érik chante très mal et ne sait pas jouer du piano.
3. Il m'emmène dans sa chambre et me montre son cercueil.
4. Érik accepte d'enlever son masque et me montre son visage.
5. Une nuit, je monte dans la barque et le quitte pendant son sommeil.
6. Je lui dis : « Je reviendrai ». Il me fait confiance et me laisse partir.
7. Christine, apprenez-moi à jouer du piano.

3 Choisissez le bon verbe et conjuguez-le au présent.

pouvoir, devoir, vouloir.

1. Érik .... m'entendre chanter encore une fois. (obligation)
2. La voix .... m'apprendre à chanter. (volonté)
3. Vous .... partir avec moi ce soir. (possibilité)
4. Nous .... retrouver Christine. (obligation)
5. Tu .... redescendre dans les sous-sols. (volonté)
6. Les spectateurs .... comprendre ce qui se passe. (possibilité - négation)

4 Pourquoi Christine n'a pas peur quand elle entend la voix pour la première fois ?

....

5 À votre avis, qui enlève Christine : Érik, Raoul ou Philippe ?

....

CHAPITRE 7

1 🔘 Piste 7 → **Écoutez le chapitre. Puis, aidez-vous des phrases pour trouver les mots du chapitre dans la grille page suivante.**

1. À l'Opéra, tout le monde parle de la APISDIROIOT de Christine.
2. L'enveloppe contient maintenant des faux LLIBTSE.
3. La police va arrêter Mme Giry car c'est une EEUSLOV.
4. Mme Giry met l'enveloppe dans la poche du directeur dans les ESISSUOCL.
5. Les directeurs restent enfermés dans leur UABRUE.
6. Le Persan appuie contre le IORMRI pendant un long moment.
7. Raoul et le Persan arrive dans le IORUOCL qui mène à la loge de Christine.
8. Le frère de Raoul a pris la UTREO de Bruxelles.

D	I	S	P	A	R	I	T	I	O	N
Z	V	B	D	E		G		J	M	V
C	R	I	B	U	R	E	A	U	I	O
O	I	L	L	N	F	M	A	L	R	L
U	S	L	Z	R	Y	H	K	I	O	E
L	T	E	I	R	O	U	T	E	I	U
O	O	T	V	U	T	S	X	O	R	S
I	U	S	B	A	L	E	P	B	Q	E
R	C	O	U	L	I	S	S	E	S	T

2 **Lisez le chapitre. Mettez les mots de l'histoire dans l'ordre pour faire des phrases.**

1. de la disparition / Les artistes et les figurants / de Christine Daaé. / parlent

....

2. une lettre / trouvent / sur leur bureau. / Les directeurs

....

3. donnent / à Mme Giry / Les directeurs / l'enveloppe.

....

4. dans ma poche. / me prendre / peut / Le fantôme / l'argent

....

5. à Perros-Guirec. / son voyage / raconte / Raoul

....

6. à l'obscurité. / Les deux hommes / de l'ombre / passent

....

3 **Conjuguez les verbes pronominaux au présent.**
1. Je .... (se jeter) sur les faux billets.
2. L'action .... (se passer) dans les coulisses.
3. Tu .... (se disputer) avec les deux directeurs.
4. Ils .... (se retrouver) dans le bureau.
5. Nous .... (se tourner) vers le Persan.
6. Vous .... (se placer) devant le miroir.

4 **Comment le commissaire sait que Philippe a enlevé Christine ?**

....

....

5 **Comment comprenez-vous la phrase : « Raoul retrouve chez le Persan la pitié de Christine pour Érik. » ?**

....

....

CHAPITRE 8

1 **Lisez le chapitre. Avez-vous bien compris ? Cochez la bonne réponse.**

1. Les trois hommes dans l'escalier...
☐ a. sont morts.
☐ b. font semblant d'être morts.
☐ c. dorment profondément.

2. Quand il dit « Il », le Persan parle...
☐ a. du commissaire.
☐ b. d'Érik.
☐ c. d'un des deux directeurs.

3. Les deux hommes ne peuvent pas entrer chez Érik par le lac car...
☐ a. l'eau est trop froide.
☐ b. la barque est cassée.
☐ c. la voix de la sirène est trop dangereuse.

4. Ils doivent garder la main à hauteur des yeux pour...
☐ **a.** ne peut être étranglés par le fil du Pendjab.
☐ **b.** se protéger du soleil.
☐ **c.** ne pas voir les yeux de feu du fantôme.

5. Les murs de la chambre des supplices sont faits avec...
☐ **a.** du papier.
☐ **b.** des miroirs.
☐ **c.** de la terre.

6. Christine voulait prendre le sac d'Érik pour...
☐ **a.** ouvrir la porte de la chambre des supplices.
☐ **b.** s'enfuir des sous-sols.
☐ **c.** voler son argent.

2 Piste 8 → **Écoutez le chapitre. Classez les phrases dans l'ordre de l'histoire.**

a. Christine regarde la chambre par une petite fenêtre.

b. Raoul et le Persan entendent le commissaire partir avec les trois corps.

c. Érik allume la lumière dans la chambre des supplices.

d. Ils trouvent le fil du Pendjab dans la chambre des supplices.

e. Le Persan appuie sur le mur près du décor du Roi de Lahore.

f. Christine veut les aider, mais elle est attachée.

g. Raoul et le Persan rencontrent le tueur de rats.

h. Érik et Christine se battent, puis c'est le silence.

1	2	3	4	5	6	7	8
....	....	....	....	....	....	....	....

3 **Transformez les phrases à la forme interro-négative.**

1. Le Persan attrape une lanterne.
→ *Le Persan n'attrape-t-il pas une lanterne ?*

2. Raoul aperçoit trois corps.
→ ....

3. Ils arrivent au cinquième sous-sol.
→ ....
4. Ils se mettent à courir.
→ ....
5. Tu m'aimes.
→ ....
6. C'est un rêve.
→ ....

4 Pourquoi Christine veut-elle prendre le sac d'Érik ?
....
....

5 À votre avis, comment Raoul et le Persan vont-ils sortir de la chambre des supplices ?
....
....

CHAPITRE 9

1 Lisez le chapitre. Puis choisissez la bonne réponse.
1. Le Persan cherche une porte pour *entrer / sortir* de la chambre.
2. Le Persan se trompe et cherche plusieurs fois sur *la même / une autre* glace.
3. Les deux hommes ont faim, soif et *chaud / froid*.
4. Pour donner sa réponse à Érik, Christine doit tourner des *plantes / animaux* en bronze.
5. Christine tourne le scorpion et *l'Opéra explose / l'eau noie les tonneaux de poudre*.

2 Piste 9 → **Écoutez le chapitre. Complétez la grille avec des mots entendus.**

1. Le Persan espère trouver celle de la chambre des supplices.
2. Le Persan appuie sur le clou et elle s'ouvre.
3. Christine doit réfléchir à cette proposition d'Érik.
4. Christine tourne cet animal.
5. En est-ce vraiment un pour les Parisiens qui sont à l'Opéra ?
6. Le reflet de l'arbre crée l'illusion d'y être.
7. Ils sont pleins de poudre.

3 **Complétez avec le bon pronom ou adverbe interrogatif :**

pourquoi, qui, comment, quand, que, où

1. .... est enfermé dans la chambre des supplices ? Le Persan et Raoul.
2. .... le Persan recommence à chercher sur la même glace ? Car il se trompe.
3. .... contiennent les tonneaux ? De la poudre.

4. .... Christine doit-elle donner sa réponse à Érik ? À onze heures.
5. .... trouvent-ils des tonneaux ? Dans la cave.
6. .... le Persan ouvre la trappe ? Il appuie sur un clou.

4 **Pourquoi les deux hommes lèchent la glace ?**

....

....

5 **Avez-vous déjà été victime d'une illusion optique ? Racontez.**

....

....

ÉPILOGUE

1 **Lisez le chapitre. Avez-vous bien compris ? Cochez la bonne réponse.**

1. Un jour, Érik rend visite au Persan et...
- ☐ a. lui raconte la suite de l'histoire.
- ☐ b. le tue.

2. Il a arrêté l'eau...
- ☐ a. pour ne pas détruire l'Opéra.
- ☐ b. car Christine a juré de rester sa femme.

3. Il a embrassé Christine et...
- ☐ a. elle est restée avec lui.
- ☐ b. elle s'est enfuie.

4. Érik a offert son anneau en or à Christine pour...
- ☐ a. son mariage avec Raoul.
- ☐ b. leur mariage.

5. Christine reviendra après sa mort pour...
- ☐ a. vivre dans les sous-sols de l'Opéra.
- ☐ b. l'enterrer.

FICHE 1 GASTON LEROUX

Gaston Leroux est né à Paris en 1868. Il passe son enfance en Normandie et obtient son baccalauréat à Caen en 1886. Il étudie ensuite le droit à Paris et devient avocat en 1890. Il exerce cette profession pendant trois ans puis travaille comme chroniqueur judiciaire pour les journaux *L'Écho de Paris* et *Le Matin*. À partir de 1901, il est grand reporter et voyage à l'étranger. Sa carrière d'écrivain commence en 1903 avec le feuilleton *Le Chercheur de trésors*. Le succès arrive quatre ans plus tard avec le roman policier *Le Mystère de la chambre jaune*, paru dans le journal *L'illustration*. Les lecteurs retrouveront son héros, le journaliste Rouletabille, dans plusieurs histoires, dont *Le Parfum de la dame en noir* (1908) et *Rouletabille chez le tsar* (1912). Entre 1913 et 1925, Gaston Leroux raconte dans près de 300 romans-feuilletons *Les aventures de Chéri Bibi*, un prisonnier injustement accusé d'un crime. Ses autres romans mêlent policier et fantastique, comme *Le fantôme de l'Opéra* (1910) et *La poupée sanglante* (1923). En 1918, il crée la Société des Cinéromans pour laquelle il devient scénariste et producteur de cinéma. Il meurt en 1927 à Nice.

1 Lisez le texte. Vrai ou faux ? Cochez la réponse qui convient. Justifiez lorsque vous pensez que c'est faux.

	Vrai	Faux
1. Après son bac, Gaston Leroux fait des études de droit.	☐	☐
2. Pour son travail de journaliste, il a voyagé à l'étranger.	☐	☐
3. En 1903, il a beaucoup de succès avec *Le Chercheur de trésors*.	☐	☐
4. Ses histoires paraissent dans des journaux.		
5. Son personnage Chéri Bibi apparaît dans trois romans-feuilletons.	☐	☐
6. Il signe ses romans du nom de Rouletabille.	☐	☐
7. À partir de 1918, il se lance dans le cinéma.	☐	☐

Justification :

....

---

1 Un chroniqueur judiciaire : il raconte les procès dans les journaux.
2 Un roman-feuilleton : une histoire publiée en plusieurs épisodes dans un journal.

FICHE 2 — L'OPÉRA GARNIER

Des grands travaux de modernisation réalisés par le baron Haussmann transforment Paris durant la deuxième partie du 19e siècle. À cette époque, en 1860, l'empereur Napoléon III lance un concours d'architecture pour construire un nouvel opéra dans la capitale française. Le jury étudie pendant un an les 171 propositions, dont certaines viennent d'architectes très célèbres. Mais c'est un inconnu de 35 ans, Charles Garnier, qui gagne le concours. La construction commence en 1861. Elle dure plus de quatorze ans à cause de problèmes d'argent, de la guerre de 1870 contre la Prusse et de la Commune de Paris. Le 5 janvier 1875, le président de la République Mac Mahon inaugure le majestueux bâtiment de 11 000 m^2 à la décoration luxueuse. Il y avait ce jour-là plus de 2 000 invités, mais on raconte que Charles Garnier a payé sa place pour pouvoir y assister.

1 Lisez le texte. Associez les phrases.

1. Le baron Haussmann...
2. C'est Napoléon III qui...
3. Un architecte inconnu, Charles Garnier,...
4. La construction dure...
5. L'Opéra Garnier est inauguré...
6. Charles Garnier a payé...

a. ...plus de quatorze ans.
b. ...a l'idée de construire un nouvel opéra.
c. ...le 5 janvier 1875.
d. ...réalise de grands travaux dans Paris au 19e siècle.
e. ...gagne le concours.
f. ...sa place pour l'inauguration.

1	2	3	4	5	6
....	....	....	....	....	....

Le fantôme de l'Opéra existe-t-il ?
Le 28 octobre 1873, un incendie détruit l'Académie nationale de musique de Paris, rue Pelletier. Une jeune danseuse et son fiancé, un pianiste du nom d'Ernest, meurent dans l'incendie. Meurent-ils vraiment tous les deux ? On raconte qu'Ernest, gravement brûlé au visage, se cache en réalité dans les sous-sols du nouvel opéra en construction. On l'entend même parfois jouer du piano et on le dit responsable d'étranges événements comme la mort d'un machiniste retrouvé pendu ou la chute du lustre lors d'une représentation de *Faust*. Ernest est-il l'Érik de Gaston Leroux ? En tout cas, les visiteurs de l'opéra Garnier peuvent aujourd'hui encore lire au-dessus de la loge n°5 : « Loge du fantôme de l'Opéra ».

2 Lisez le texte. Avez-vous bien compris ? Choisissez la réponse qui convient.

1. Le 28 octobre 1873 est la date :
☐ **a.** de l'inauguration de l'Opéra.
☐ **b.** d'un incendie qui détruit l'Académie de musique.

2. L'académie de musique se trouve à :
☐ **a.** Perros-Guirrec.
☐ **b.** Paris.

3. Ernest est :
☐ **a.** pianiste.
☐ **b.** chanteur.

4. La fiancée d'Ernest :
☐ **a.** meurt dans l'incendie.
☐ **b.** est une pianiste célèbre.

5. On dit qu'Ernest :
☐ **a.** se cache dans les sous-sols de l'Opéra.
☐ **b.** a allumé l'incendie.

6. Lors d'une représentation de *Faust* :
☐ **a.** un machiniste meurt.
☐ **b.** un lustre tombe du plafond.

7. Aujourd'hui, on peut lire au-dessus de la loge n°5 :
☐ **a.** Loge de Gaston Leroux.
☐ **b.** Loge du fantôme de l'Opéra.

CORRIGÉS

CHAPITRE 1

1. 1. c - 2. b - 3. c - 4. a - 5. b - 6. c - 7. a

2. 1. famille
2. Opéra
3. danseuses
4. têtes
5. pôle
6. mer
7. directeurs
Mot mystère : fantôme

3. 1. quelle
2. quel
3. quelles
4. quels
5. quelle
6. Celui-ci

4. Car il a entendu Christine parler avec quelqu'un.

5. Production libre.

CHAPITRE 2

1. 1. Vrai.
2. Faux. Il veut 20 000 francs par mois et la loge n°5.
3. Faux. Il est certain de son génie.
4. Vrai.
5. Faux. Elle est ouvreuse.
6. Vrai.
7. Vrai.

2. 1. g - 2. c - 3. f - 4. d - 5. b - 6. e - 7. a

3. 1. Il faut changer les serrures.
2. Il faut m'aimer.
3. Faut-il laisser tranquille le fantôme ?
4. Il faut aller faire un tour.
5. Il ne faut pas mentir.
6. Il faut voir.

4. Car elle est réservée pour le fantôme et ils ont peur de ce qu'il peut leur faire.

5. Production libre.

CHAPITRE 3

1. 1. b - 2. b - 3. a - 4. b - 5. a

2. 1. musicien - 2. artiste - 3. violon - 4. église

3. 1. tous
2. toutes
3. toute
4. toutes
5. tout

4. Car il n'y a pas de musicien dans le cimetière et on sait que le père de Christine est enterré avec son violon.

5. Production libre.

CHAPITRE 4

1. 1. chevaux
2. malade
3. anonyme
4. amoureux
5. entracte
6. minuit
7. accident

2. 1. Firmin Richard
2. La Carlotta
3. Mme Valérius
4. Le fantôme
5. Raoul
6. Christine Daaé

3. 1. va déposer
2. vont dîner
3. allons assister
4. vont se rencontrer
5. n'allez plus venir
6. va avoir

4. Ils comprennent que les lettres du fantôme ne sont pas une invention des anciens directeurs.

5. Production libre.

CHAPITRE 5

1. 1. Domino noir et domino blanc.
2. Christine disparaît devant les yeux de Raoul.
3. Chez la mère de Christine.
4. Non. Elle veut garder son secret.
5. De jouer à la future femme et le futur mari.
6. Non, ils se promènent dans l'Opéra.
7. Une ombre.

2. 1. e - 2. c - 3. d - 4. b - 5. a

3. 1. Ne le crois pas, maman.
2. Ne restez pas avec nous.
3. Ne nous fiançons pas.
4. Ne vous taisez pas.
5. N'allons pas nous promener.

4. Il espère découvrir pendant ce temps le secret de Christine et l'amener à devenir sa femme.

5. Production libre.

CHAPITRE 6

1. 1. Faux. Ils sont sur les toits.
2. Vrai.
3. Vrai.
4. Vrai.
5. Faux. Il a laissé Christine partir.
6. Faux. Il annonce le mariage de Christine avec Raoul.

2. 2, 4, 5, 7

3. 1. doit
2. veut
3. pouvez
4. devons
5. veux
6. ne peuvent pas

4. Car son père lui racontait l'histoire de l'Ange de la musique et lui a dit : *quand je* *serai au ciel, je te l'enverrai et tu l'entendras.*

5 Production libre.

CHAPITRE 7

1 1. disparition
2. billets
3. voleuse
4. coulisses
5. bureau
6. miroir
7. couloir
8. route

2 1. Les artistes et les figurants parlent de la disparition de Christine Daaé.
2. Les directeurs trouvent une lettre sur leur bureau.
3. Les directeurs donnent l'enveloppe à Mme Giry.
4. Le fantôme peut me prendre l'argent dans ma poche.
5. Raoul raconte son voyage à Perros-Guirec.
6. Les deux hommes passent de l'ombre à l'obscurité.

3 1. me jette.
2. se passe
3. tu te disputes
4. ils se retrouvent
5. nous nous tournons
6. Vous vous placez

4 Il ne le sait pas, mais envoie Raoul sur cette piste pour la vérifier.

5 Production libre.

CHAPITRE 8

1. c - 2. b - 3. c - 4. a - 5. b - 6. a

2 1. b - 2. g - 3. e - 4. d - 5. f - 6. c - 7. a - 8. h

3 2. Raoul n'aperçoit-il pas trois corps ?
3. N'arrivent-ils pas au cinquième sous-sol ?
4. Ne se mettent-ils pas à courir ?
5. Ne m'aimes-tu pas ?
6. N'est-ce pas un rêve ?

4 Car il contient la clé de la porte de la chambre des supplices.

5 Production libre.

CHAPITRE 9

1 1. sortir
2. la même
3. chaud.
4. animaux.
5. l'eau noie les tonneaux de poudre.

2 1. sortie
2. trappe
3. mariage
4. scorpion
5. cadeau
6. forêt
7. tonneau

3 1. qui
2. pourquoi
3. que
4. quand
5. où
6. comment

4 Car ils croient voir de l'eau à la place des miroirs.

5 Production libre.

ÉPILOGUE

1 1. a - 2. b - 3. a - 4. a - 5. b - 6. f

FICHE 1

1 1. Vrai
2. Vrai
3. Faux. Le succès arrive trois ans plus tard.
4. Vrai.
5. Faux. Il apparaît dans 300 romans-feuilletons.
6. Faux. C'est le nom d'un de ses personnages.
7. Vrai.

FICHE 2

1 1. d - 2. b - 3. e - 4. a - 5. c

2 1. b - 2. b - 3. a - 4. a - 5. a - 6. b - 7. b